MULTIMÍDIA EM EDUCAÇÃO A DISTÂNCIA

Dados Internacionais de Catalogação na Publicação (CIP)

S729m Souza, Renato Antonio de.

Multimídia no EaD / Renato Antonio de Souza. – São
Paulo, SP : Cengage, 2016.

Inclui bibliografia.
ISBN 13 978-85-221-2930-0

1. Ensino a distância - Multimídia. 2. Tecnologia
educacional. 3. Ambientes virtuais de aprendizagem.
4. Material didático. 5. Direitos autorais. I. Título.

CDU 37.018.43
CDD 371.35

Índice para catálogo sistemático:

1. Educação a distância: Multimídia 37.018.43

(Bibliotecária responsável: Sabrina Leal Araujo – CRB 10/1507)

MULTIMÍDIA EM EDUCAÇÃO A DISTÂNCIA

CENGAGE

Austrália • Brasil • México • Cingapura • Reino Unido • Estados Unidos

Multimídia em educação a distância

Conteudista: Renato Antonio de Souza

Gerente editorial: Noelma Brocanelli

Editoras de desenvolvimento: Gisela Carnicelli, Regina Plascak e Salete Del Guerra

Coordenadora e editora de aquisições: Guacira Simonelli

Produção editorial: Fernanda Troeira Zuchini

Copidesque: Sirlene M. Sales

Revisão: Vânia Ricarte Luca e Ângela Maria Cruz

Diagramação: Alfredo Carracedo Castillo

Capa: Estúdio Aventura

Imagens usadas neste livro por ordem de páginas:
Grasko/Shutterstock; Sergey Nivens/Shutterstock; ouh_desire/Shutterstock; wwwebmeister/Shutterstock; cybrain/Shutterstock; vinnstock/Shutterstock; chanpipat/Shutterstock; Thinglass/Shutterstock; eldar nurkovic/Shutterstock; DeshaCAM/Shutterstock; mrkob/Shutterstock; McCarony/Shutterstock; Maxx-Studio/Shutterstock; Maxx-Studio/Shutterstock; DeshaCAM/Shutterstock; Mike Laptev/Shutterstock; Andrey_Popov/Shutterstock; carlosseller/Shutterstock; wavebreakmedia/Shutterstock; igor.stevanovic/Shutterstock; filmfoto/Shutterstock; Arcady/Shutterstock; Balefire/Shutterstock; Tatiana Popova/Shutterstock; NicoElNino/Shutterstock; Rachael Arnott/Shutterstock; Sam72/Shutterstock; Johnny Cash/Shutterstock; solominviktor/Shutterstock

© 2016 Cengage Learning Edições Ltda.

Todos os direitos reservados. Nenhuma parte deste livro poderá ser reproduzida, sejam quais forem os meios empregados, sem a permissão por escrito da Editora. Aos infratores aplicam-se as sanções previstas nos artigos 102, 104, 106, 107 da Lei nº 9.610, de 19 de fevereiro de 1998.

Esta editora empenhou-se em contatar os responsáveis pelos direitos autorais de todas as imagens e de outros materiais utilizados neste livro. Se porventura for constatada a omissão involuntária na identificação de algum deles, dispomo-nos a efetuar, futuramente, os possíveis acertos.

Esta editora não se responsabiliza pelo funcionamento dos links contidos neste livro que possam estar suspensos.

Para permissão de uso de material desta obra, envie seu pedido para
direitosautorais@cengage.com

© 2016 Cengage Learning Edições Ltda.
Todos os direitos reservados.

ISBN 13: 978-85-221-2930-0
ISBN 10: 85-221-2930-4

Cengage Learning Edições Ltda.
Condomínio E-Business Park
Rua Werner Siemens, 111 - Prédio 11
Torre A - Conjunto 12
Lapa de Baixo - CEP 05069-900 - São Paulo - SP
Tel.: (11) 3665-9900   Fax: 3665-9901
SAC: 0800 11 19 39

Para suas soluções de curso e aprendizado, visite
www.cengage.com.br

Impresso no Brasil
Printed in Brazil

Apresentação

Com o objetivo de atender às expectativas dos estudantes e leitores que veem o estudo como fonte inesgotável de conhecimento, esta **Série Educação** traz um conteúdo didático eficaz e de qualidade, dentro de uma roupagem criativa e arrojada, direcionado aos anseios de quem busca informação e conhecimento com o dinamismo dos dias atuais.

Em cada título da série, é possível encontrar a abordagem de temas de forma abrangente, associada a uma leitura agradável e organizada, visando facilitar o aprendizado e a memorização de cada assunto. A linguagem dialógica aproxima o estudante dos temas explorados, promovendo a interação com os assuntos tratados.

As obras são estruturadas em quatro unidades, divididas em capítulos, e neles o leitor terá acesso a recursos de aprendizagem como os tópicos *Atenção*, que o alertará sobre a importância do assunto abordado, e o *Para saber mais*, com dicas interessantíssimas de leitura complementar e curiosidades incríveis, que aprofundarão os temas abordados, além de recursos ilustrativos, que permitirão a associação de cada ponto a ser estudado.

Esperamos que você encontre nesta série a materialização de um desejo: o alcance do conhecimento de maneira objetiva, agradável, didática e eficaz.

Boa leitura!

Prefácio

A educação a distância – EaD – é uma modalidade educacional que vem surpreendendo expectativas de crescimento nos últimos anos.

Os cursos de formação de educadores focados nessa modalidade de ensino-aprendizagem têm-se tornado, praticamente, uma necessidade constante para atuação em variados níveis.

A expressão multimídia passou a ter maior referência com o advento e a evolução do computador e seus derivados, o que permitiu maior agilidade e diversificação da comunicação. Com isso, foi possível ampliar as formas de transmissão de conhecimento e aprendizagem.

Antes do advento da educação a distância, obter eventual reciclagem educacional ou profissional poderia parecer (como de fato era) uma tarefa um tanto quanto complexa.

Muito há de se aprender; mas, como é possível conhecer tudo e administrar o tempo e o espaço?

Esta é a resposta que a EaD e a multimídia, em conjunto, tentam nos apresentar, por meio das formas facilitadoras de se levar o conhecimento e as técnicas de aprendizagem, sem que se perca de vista a elaboração de um bom conteúdo.

Esta disciplina, ao longo de seu conteúdo, abordará temas importantes, como na Unidade 1, que aborda os sistemas de comunicação existentes em multimídia passíveis de serem utilizados na educação a distância e a combinação de mídias para alocação de material interativo. Acerca desse assunto, na Unidade 2, por exemplo, o leitor conhecerá um pouco mais sobre o universo das aulas on-line, dos guias de estudo e das web conferências.

A Unidade 3 tratará de outro assunto de extrema importância sobre as multimídias e o ensino a distância, que diz respeito aos direitos autorais, ao amparo da legislação nacional e à preocupação internacional referente ao assunto; também aborda as exceções de reprodução de conteúdo sem violação das garantias citadas.

Por último (e não menos importante), na Unidade 4 o leitor vai aprender sobre o vídeo, incluindo desde o seu planejamento, a produção e até a finalização, sem deixar de lado a sua importância no meio da EaD.

As ferramentas de multimídia surgiram com a finalidade de auxiliar no dia a dia, a qual não seria diferente quando o intuito é levar o conhecimento àqueles que visam ao seu aprimoramento curricular.

Bons estudos.

UNIDADE 1
MULTIMÍDIA EM EAD: CONCEITO E PLANEJAMENTO

Capítulo 1 Apresentação, 10

Capítulo 2 Conceito de multimídia, 10

Capítulo 3 Planejamento de uso de multimídia em EaD, 14

Capítulo 4 Sistemas de comunicação em EaD, 15

Capítulo 5 E-learning no ensino-aprendizagem a distância, 16

Capítulo 6 Material didático em EaD, 17

Capítulo 7 Avaliação em EaD, 19

Capítulo 8 Sistemas de comunicação e gestão acadêmica, 20

Capítulo 9 Seleção de mídia e tecnologia para cursos de EaD, 22

Glossário, 26

1. Apresentação

A educação a distância – EaD – é uma modalidade educacional que vem surpreendendo expectativas de crescimento nos últimos anos, não só em nível internacional, como também no contexto brasileiro, como atesta o último senso EaD (ABED, 2014).

No Brasil, ainda que se perceba um crescimento relevante dessa modalidade educacional, há muito espaço para ser explorado. Por essa razão, abre-se uma agenda de oportunidades para educadores interessados em atuar no ensino-aprendizagem a distância.

Para isso, cursos de formação de educadores para atuação nessa modalidade de ensino-aprendizagem têm-se tornado, praticamente, uma necessidade constante, seja para atuação como tutor/orientador, seja para planejamento, elaboração e/ou avaliação de curso e/ou de material didático.

Esses são alguns argumentos que justificam a necessidade e relevância desta disciplina, Multimídia na Educação a Distância, no âmbito de propostas e discussões sobre Metodologia do Ensino a Distância.

2. Conceito de multimídia

As tecnologias da educação e informação – TIC's – têm contribuído muito para a evolução da educação a distância, entre outras razões, por proporcionar educação para quem não tem possibilidade e/ou disponibilidade de frequentar um curso presencial.

Multimídia, partindo de uma análise etimológica, significa intermediários ou múltiplos meios, já que o prefixo *multi* significa vários e a raiz *mídia* significa meio ou intermediário.

Ampliando esse conceito, **multimídia** representa modos diversificados de veiculação de informação em mídias e outros canais, com o uso de um computador, um *tablet*, um *smartphone* ou outro equipamento tecnológico, utilizados para comunicação de sons, imagens estáticas ou em movimentos, textos e vídeos de maneira individual ou integrada, a partir de uma combinação de formas de comunicação.

São meios em que a informação é armazenada, transmitida, percebida ou, ainda, formas de tratamento e processamento da informação digital.

A palavra multimídia pode ser utilizada tanto como substantivo (por exemplo: a multimídia é um princípio importante da EaD) quanto como adjetivo (por exemplo: material didático multimídia).

O termo *mídia* está relacionado com a manipulação da informação, conforme afirma Ribeiro (2007), por exemplo:

Armazenamento e processamento de informação, utilizando-se de instrumentos da informática.	Produção de informação em áreas de edição e publicação de conteúdos.	Distribuição de informação para mídia de massa.
Transmissão de informação nas telecomunicações.	Apresentação de informações em disciplinas que estudam as interações entre pessoas e sistemas.	Percepção de informação na área que estuda a interação das pessoas com o mundo exterior.

Essa combinação de informação em formato visual e auditivo facilita a compreensão da informação por proporcionar ao sujeito formas diversificadas de aprender. Por exemplo, uma pessoa aprende com mais facilidade visualizando o que deseja que seja aprendido; outra já tem mais facilidade em aprender ouvindo; outras, lendo, e assim por diante.

Nesse sentido, a abordagem da multimídia na comunicação, especificamente em relação à educação, permite enriquecer a mensagem e, consequentemente, facilita a compreensão e apreensão da informação, já que a informação pode ser representada de formas diferentes, o que designa a multimídia.

Essa representação assume formas de texto, gráficos, imagens, vídeo, áudio e animação.

O texto é a forma dominante de apresentação de informações. O texto digital perde um pouco a sua linearidade em razão dos **hiperlinks** que são inseridos nele. Isso permite ao usuário acessar itens de informação de maneira interativa e em uma ordem por ele escolhida, utilizando-se do recurso de *hiperlink* ou *link*. Ao clicar sobre a palavra *hiperlink*, será aberta uma página da *web*, por exemplo, www.domíniopublico.gov.br, composta de informações textuais. Entretanto, ao clicar nesta expressão inserindo *hiperlinks*, a pessoa é direcionada a uma videoaula que ensina como utilizar essa estratégia em conteúdos digitais.

*A*TENÇÃO: Hiperlinks são links, ligações, conexões inseridas em um texto digital e que permitem ao leitor conectar-se facilmente a outros textos, vídeos ou outros conteúdos digitais hospedados em outras páginas da web. A videoaula está disponível em: <https://www.youtube.com/watch?v=L80iMF9Zyqc>.

Utilizando-se dessa estratégia, o texto não fica repleto de endereços de páginas da internet, que muitas vezes são extensos. Isso prejudica tanto a progressão do tema no texto quanto seus aspectos estéticos. O recurso de *hiperlink*, especificamente em relação à leitura, permite compreender em maior amplitude determinado assunto, sem a necessidade de discorrer no texto fonte sobre algum fato, acontecimento, aspecto já ocorrido. Para isso, basta inserir um *hiperlink* para que o leitor, caso deseje, interrompa a leitura naquele momento, acesse o conteúdo indicado, leia a informação e depois retorne ao texto inicial. De outra maneira, o leitor pode simplesmente seguir com a leitura do texto inicial e, se desejar, acessar o *hiperlink* em outro momento.

Os gráficos e as imagens surgem como recursos dos textos escritos, que ilustram e apresentam informações de outras maneiras, que podem ser tanto capturadas do mundo real quanto sintetizadas com o uso do computador.

O vídeo e o áudio digitais são mídias de veiculação de informação, de modo que usam estratégias e combinações variadas, com imagens e sons captados do mundo real por meio de uma câmera de vídeo ou, muitas vezes, produzidos de maneira sintetizada, diretamente no computador ou outro equipamento que o permita.

A animação é produzida diretamente no computador, a partir da criação e manipulação de imagens e desenhos.

Em resumo, essas mídias podem caracterizar-se como capturadas ou sintetizadas no computador e como estáticas ou dinâmicas, em movimento.

A essa altura, podemos ampliar um pouco mais o conceito de multimídia. Multimídia, então, é designada pela combinação, a partir do uso de um computador, de textos, gráficos, imagens, vídeos, áudios, animações e qualquer outro canal em que a comunicação possa ser representada, armazenada, transmitida e processada por meio digital e em que exista, ao menos, um tipo de mídia estática (texto, gráfico e imagem) e uma mídia dinâmica (vídeo, áudio e animação) (RIBEIRO, 2007), o que pode ser visualizado na imagem estática abaixo indicada.

Multimídia: combinação de mídias

O termo *multimídia* passou a ter maior referência com o advento e evolução do computador e seus derivados, o que permitiu agilidade e diversificação da comunicação.

Vale lembrar que os primeiros computadores pessoais não permitiam gravação, armazenamento e reprodução de sons e imagens como permitem atualmente e, de certa maneira, bastante massificada e simples.

Então, o termo *multimídia* existia muito antes da chegada dos computadores pessoais. Esse termo já era usado para definir produções que integravam meios diferentes de comunicação.

> *PARA SABER MAIS: Na intenção de exemplificar o que está sendo abordado no texto didático, vamos explorar outras mídias nesta disciplina.* **Clique aqui** *e assista a um vídeo que demonstra na prática a integração de mídias utilizadas para sua elaboração.*

Atualmente, podemos encontrar usos muito diversificados de multimídia em CD's, DVD's, *blue-ray*'s, TV's interativas, videogames, entre outros, entretanto, a *web* ainda é o meio em abundância de usos de multimídia. O acesso à *web* é permitido e facilitado pelo uso de muitos equipamentos eletrônicos como computadores, tablets, celulares, televisores, câmeras fotográficas, entre outros, porque possibilita que o usuário crie e navegue por uma amplitude infinita de conteúdos interativos, acessados por meio de *link*s.

O desenvolvimento da tecnologia de multimídia foi possível em razão do surgimento e ampliação das tecnologias de informação e comunicação – TIC's – e dos computadores, da modernização das telecomunicações, da indústria do entretenimento e do audiovisual.

É bastante comum, também, ouvirmos referências a **kit multimídia**, que é composto pela parte física (*hardware*) do computador, que envolve uma placa de som, *drive* de *CD-Room*, microfone e caixas acústicas, embora os equipamentos mais atuais já tragam todos esses componentes embutidos, o que se aplica também a *smartphones*, *tablets*, câmeras fotográficas, entre outros.

Equipamentos eletrônicos equipados com kits multimídia

Tudo isso que tratamos aqui faz parte do nosso cotidiano, em razão do **letramento digital** a que fomos expostos. Sem esses recursos multimídia, não apreciaríamos os cartões virtuais animados de aniversário e outras ocasiões, as notícias veiculadas em vídeos nos portais de notícias, aqueles pequenos vídeos cômicos que circulam no *WhatsApp* ou aquelas animações postadas no *Instagram,* apenas para citarmos algumas situações das quais participamos no dia a dia.

A TENÇÃO: Letramento digital refere-se à capacidade que um sujeito tem de responder a demandas sociais que envolvem recursos tecnológicos e escrita em ambientes digitais, é a capacidade de uso, de forma natural, das regras da comunicação em ambiente digital.

3. Planejamento de uso de multimídia em EaD

A educação a distância vem sofrendo grandes mudanças nos últimos anos, tanto em relação às ferramentas tecnológicas quanto aos tipos de avaliação de cursos.

Não há um modelo único de curso, de modo que os programas de EaD podem apresentar diferentes configurações e diversas maneiras de combinações de linguagens e recursos educacionais e tecnológicos, entretanto, não se pode negar que o ponto central reside no capital intelectual das instituições que promovem cursos a distância.

Então, para pensarmos no planejamento de uso de multimídia em EaD, primeiro, deveremos pensar em questões mais amplas que envolvem projetos de cursos em educação a distância e seu público-alvo: se é educação corporativa, se é educação profissional inicial ou continuada ou se é educação de nível superior, seja ela graduação, seja pós-graduação. Essas questões podem ser resumidas em três aspectos: aspectos pedagógicos, recursos humanos e infraestrutura.

Esses aspectos devem ser contemplados no planejamento de um curso EaD e, consequentemente, na sua grade curricular.

Esses documentos devem trazer a concepção de educação adotada no curso, que deve estar afinada com as demandas sociais emergentes, considerando o aprender a aprender, a autonomia, a interatividade e a resolução de problemas, apenas para citar algumas questões que devem ser contempladas no planeja-

mento de um curso em EaD e, consequentemente, essas questões devem estar presentes no currículo do curso.

Além disso, esse planejamento deve contemplar a descrição do currículo a ser abordado no processo ensino-aprendizagem com seus objetivos educacionais.

Outra questão importante diz respeito aos sistemas de comunicação necessários para disponibilização do curso e também como instrumento para o desenvolvimento e interação entre os integrantes do curso e o tutor/orientador.

O material didático – considerando a equipe multidisciplinar composta por pedagogos, professores, tutores e orientadores a ser disponibilizada –, o sistema de avaliação a ser adotado e a infraestrutura de apoio para o curso completam essas questões que exigem planejamento para oferecimento de cursos de educação a distância, cujos temas são desenvolvidos em sequência, todos eles relacionados com multimídia.

4. Sistemas de comunicação em EaD

Os sistemas de comunicação dizem respeito ao suporte em que será disponibilizado o curso e ao software a ser utilizado como instrumento para tal finalidade.

É uma tendência em EaD a abordagem e-learning de aprendizagem.

A abordagem e-learning refere-se ao uso de meios eletrônicos e tecnológicos para a aprendizagem, e a educação a distância pode ou não fazer uso desses recursos, embora, como já dissemos, seja uma tendência atual o uso dessas estratégias para oferecimento de cursos em EaD.

> *PARA SABER MAIS: **Clique aqui** e assista ao vídeo que trata de algumas ferramentas usadas no e-learning.*

O **e-learning** pode ser **síncrono**, quando estudantes e tutores/orientadores estão presentes, mesmo que virtualmente, no mesmo ambiente, mediados por algum recurso tecnológico, ou **assíncrono**, quando estudantes e tutores/orientadores não estão no mesmo ambiente, ou seja, não estão conectados por algum recurso tecnológico (ROSINI, 2007).

O sistema de comunicação deve contemplar essas duas modalidades de mídia para promover interação tanto em tempo real quanto a distância, entre alunos e também entre tutores/orientadores e alunos, e vice-versa.

Vale ressaltar que há necessidade de que os sistemas adequados sejam ágeis no sentido de fornecer *feedback* rápido para as dúvidas suscitadas pelos alunos.

Essas questões devem ser planejadas considerando a finalidade do curso e seu público-alvo. Por exemplo, no nível superior, é esperado que os alunos tenham um alto grau de autonomia e independência na aprendizagem, entretanto, na prática, não é o que verificamos.

Por essa razão, a instituição que desenvolve um curso a distância precisa pensar em promover mecanismos que aprimorem o aluno na sua autorregulação, ou seja, através do uso do sistema de comunicação e multimídia, oferecendo formas diferentes de ensinar e aprender e, também, desenvolvendo estratégias de orientação ao estudante, seja diretamente no material didático disponibilizado, seja via interação entre tutor/orientador educacional e os participantes do curso. Tudo isso a partir de sistemas de comunicação eficazes.

Por essa razão, o planejamento de um curso a distância deve contemplar tal questão, o que influenciará no planejamento e na elaboração de todo material didático a ser disponibilizado aos alunos. Por exemplo, abordamos nesta seção o uso dos *hiperlinks*. Se o curso não é disponibilizado em ambientes virtuais, então, o *hiperlink* deixa de ser uma estratégia importante para ser abordada, visto que, em caso de disponibilização de material didático impresso, enviado pelo correio ou outro meio de correspondência, o *hiperlink* deixa de fazer sentido.

5. E-learning no ensino-aprendizagem a distância

Muitos desses cursos disponibilizam material didático com exercícios em ambientes de aprendizagem e plataformas de gestão que permitem identificar e controlar a regularidade de participação e o tempo dedicado aos estudos pelos alunos, como o **Moodle** e o *Blackboard*, apenas para citar algums.

Essas ferramentas proporcionam uma aprendizagem colaborativa a partir de usos de ambientes educacionais, utilizando recursos tecnológicos. A **aprendizagem colaborativa** é centrada no aluno e no processo de construção do conhecimento (ROSINI, 2007), realizada em um ambiente de aprendizagem em que há interação entre os integrantes, que também produzem conhecimento por meio dessa interação.

Esse ambiente colaborativo é uma área em que todos interagem sobre um objeto comum. Por exemplo, esta disciplina, Multimídia na EaD, faz parte de um curso de pós-graduação sobre Metodologias de Ensino a distância, portanto, os alunos matriculados nesse curso interagem em um ambiente colaborativo sobre os conteúdos veiculados no material didático e trocam informações, esclarecem dúvidas, sugerem leituras complementares sobre os conteúdos discutidos no âmbito do curso ou da própria disciplina e, dessa maneira, ao mesmo tempo em que aprendem, também proporcionam aprendizado, tudo isso mediado também por um orientador ou tutor.

No planejamento de um curso EaD, é importante pensar no sistema em que será disponibilizado o curso para saber se é conveniente utilizar um ambiente virtual como o *Moodle* e o *Blackboard*, já citados, ou se há necessidade de contratação de alguma empresa de tecnologia que desenvolva um ambiente específico e que atenda às necessidades da instituição que deseja ofertar um curso de educação a distância.

6. Material didático em EaD

Quanto ao material didático, destacamos duas formas de concepção de tal material.

Na primeira opção, a instituição que deseja oferecer um curso EaD, dependendo do capital intelectual de que disponha, pode planejar e elaborar todo o material didático, a partir da observação das questões anteriormente expostas. Lembramos que, nesse caso, é importante enfatizar a importância de identificação do suporte em que veiculará o material do curso para, inclusive, pensar no uso de multimídia adequada a esse suporte.

Ainda em relação a essa opção, é necessária a constituição de uma equipe multidisciplinar de professores, pedagogos, coordenadores e profissionais de tecnologia para pensar nas questões editoriais que envolvem tal projeto.

Nesse sentido, é importante pensar na identidade estrutural e visual do curso, no uso de tecnologias facilitadoras da aprendizagem e, logicamente, no uso de multimídia.

Um aspecto bastante comum é a utilização de *hiperlinks* em materiais didáticos elaborados para plataformas on-line, como já mencionamos anteriormente.

Nesse sentido, é importante considerar, também, se as leituras complementares ao texto didático serão indicadas apenas por materiais hospedados por terceiros ou se a instituição educacional ou corporativa dispõe de uma biblioteca digital e, então, nesse caso, é pertinente uma pesquisa sobre os materiais de que a instituição dispõe, a fim de indicá-los para leituras complementares.

Outra alternativa é identificar se a instituição dispõe de biblioteca física. Nesse caso, então, é importante também considerar os títulos de que dispõe, para indicá-los como leitura complementar, caso haja o desejo ou a necessidade de o aluno considerar essa opção.

Vale lembrar que, em caso de a instituição optar por essa escolha de produção de material didático, esse processo é bastante complexo.

Pensando especificamente em relação ao uso de multimídia, por exemplo, caso a instituição decida elaborar vídeos autorais para integrar o material didático, será necessário ter uma equipe de profissionais bastante complexa, em razão da necessidade de roteirização de conteúdo, edição de imagens e som, entre outras necessidades tecnológicas.

Essas são algumas das razões para que, em cursos de EaD, o material didático seja predominantemente composto por texto e imagens estáticas, justamente dificuldade de produção autoral de material de áudio e vídeo e pelo alto custo que o desenvolvimento dessas ferramentas de ensino-aprendizagem envolve.

A segunda opção que uma instituição pode adotar, em relação ao material didático, é a terceirização da produção desse material.

Nesse caso, a instituição educacional pode contratar alguma empresa especializada na elaboração de material didático especialmente desenvolvido para ambientes de aprendizagem a distância, tanto no que se refere ao texto escrito quanto à elaboração de material de áudio e vídeo.

Existem várias empresas que atuam nesse seguimento, capazes de planejar e desenvolver materiais didáticos, que contemplem o uso de multimídia, desenhados sob medida para a instituição educacional ou corporativa que deseja oferecer cursos de EaD.

PARA SABER MAIS: **Clique aqui** *e assista ao vídeo institucional de uma empresa especializada na produção de materiais didáticos, inclusive para cursos a distância.*

7. Avaliação em EaD

A avaliação também é um item que deve ser planejado, inclusive em relação ao uso de multimídia como instrumento para demonstrar apropriação do conhecimento na modalidade a distância.

Por exemplo, se a instituição decidiu disponibilizar seu curso em um ambiente virtual de aprendizagem – AVA – e, como estratégia de avaliação, decidiu também utilizar questionários de múltipla escolha como instrumento para medir a aprendizagem de determinado conteúdo, ela também poderá disponibilizar o questionário em um ambiente virtual de aprendizagem. A título de exemplo, apresentamos uma estratégia para a criação de questionário no *Moodle*.

PARA SABER MAIS: **Clique aqui** *e assista ao vídeo que demonstra como elaborar questionários na plataforma Moodle.*

Há outros instrumentos que podem ser utilizados para avaliar a aprendizagem de alunos na modalidade a distância, que devem ser pensados considerando os objetivos do curso, da disciplina, dos conteúdos específicos e também do sistema operacional em que o curso é oferecido.

PARA SABER MAIS: Moodle é uma plataforma de ensino a distância construída em software livre, ou seja, acessível a todos, sem a necessidade de pagar para isso; é uma sala de aula virtual que permite o gerenciamento de atividades de ensino-aprendizagem a distância.

Pensemos a respeito desta disciplina, Multimídia na EaD, que faz parte de um projeto maior: um curso de Metodologia de Ensino a distância. Considerando esses aspectos, associados ao conhecimento das possibilidades e limites do sistema de comunicação em que este curso é oferecido, podemos, então, identificar instrumentos de avaliação para verificar a aprendizagem dos alunos.

A partir dessas considerações iniciais, é importante que alunos deste curso saibam planejar e manusear mídias diferentes, o que nos permite indicar como avaliação, por exemplo, a elaboração de um vídeo com tempo determinado e também sobre um conteúdo específico, considerando princípios e estratégias que serão apresentados no decorrer do curso, ou, ainda, a elaboração de um áudio para acompanhar um texto escrito, ou mesmo a elaboração de um texto didático, que articule escrita e imagem, apenas para citar de que modo a multimídia também pode ser utilizada não apenas como estratégia de ensino-aprendizagem, mas também como instrumento de avaliação da aprendizagem.

Além da avaliação da aprendizagem do aluno, a instituição também precisa pensar em estratégias de auto-avaliação, considerando todas as dimensões do curso, desde o material didático, passando pelos sistemas de informação, até chegar às pessoas envolvidas nesse processo.

Além dessas questões educacionais a serem contempladas em um curso de educação a distância, há questões de gestão que devem estar integradas aos demais processos.

8. Sistemas de comunicação e gestão acadêmica

Uma instituição que promove educação a distância também precisa prover informações e serviços para seus alunos dessa modalidade de educação, como matrícula, inscrições, requisições, acesso a informações institucionais e referentes ao aluno, como histórico de notas, situação financeira, entre outras informações que devem ser fornecidas tanto pela secretaria acadêmica quanto pela tesouraria.

Em resumo, o uso da tecnologia, incluindo multimídia, na educação a distância é algo que envolve uma série de etapas, que vão do planejamento até a avaliação de curso.

Outro aspecto de gestão que merece reflexão diz respeito à flexibilidade no atendimento ao aluno, oferecendo horários ampliados e/ou plantões de atendimento.

Além dessas questões relacionadas à gestão, vale ressaltar que, dependendo do projeto de educação a distância, pode ser necessária a implantação de polos descentralizados, assim como de uma logística para distribuição de produtos e também de manutenção de sistemas.

Dessa maneira, percebemos que é bastante complexo o processo de planejamento, desenvolvimento e avaliação de um curso a distância, que ainda requer tempo e recursos financeiros.

Isso permite dizer que não se prepara um curso de educação a distância em poucos meses, considerando todas as questões abordadas nesta discussão.

Como bem advoga Rosini (2007), um curso em EaD não é mera transposição dos aspectos presenciais. Cursos de educação a distância exigem administração, desenho, lógica, linguagem, avaliação, recursos técnicos e pedagógicos, tudo de forma adequada à modalidade a distância.

Um curso de EaD precisa ter a mesma qualidade de um curso presencial e, nesse sentido, embora pensemos sobre a flexibilização de cursos na modalidade a distância, isso não significa que tal flexibilização elimine planejamento de currículo, conteúdos, objetivos, metodologias, avaliação da aprendizagem, entre outros aspectos.

A multimídia em EaD, como vimos, pode ser tanto utilizada como instrumento para o ensino-aprendizagem quanto como instrumento de avaliação da aprendizagem, considerando os aspectos abordados nesta discussão.

Todas as questões abordadas nesta seção contemplam referenciais mínimos de qualidade para um curso na modalidade a distância, independentemente do nível ou da instituição que o ofereça.

9. Seleção de mídia e tecnologia para cursos de EaD

Pela leitura das seções anteriores, podemos perceber que as mídias estão presentes em praticamente todas as etapas de planejamento de um curso de EaD e, ainda, que há um número bastante diversificado delas que pode ser adotado para dar suporte a um curso na modalidade a distância.

Essas possibilidades de mídia acabam gerando um conflito para educadores no momento de escolher as mídias adequadas para determinado curso, conforme informa Moore & Kearsley (2007).

Por essa razão, é necessário identificar os pontos fortes e fracos de cada mídia, na hora da escolha de qual delas será ou quais serão utilizadas para veiculação de conteúdo didático.

Moore & Kearsley (2007) descrevem um cenário comparativo muito didático sobre os pontos fortes e fracos de diversas mídias. Vamos atentar-nos ao quadro adaptado abaixo:

Quadro 1 – Seleção de mídias: pontos fortes e fracos

Tecnologia	Pontos fortes	Pontos fracos
Mídia impressa	Barata, confiável, densa e controlada	Passiva, maior tempo de produção e alto custo
Gravação em áudio	Dinâmica, experiência indireta e controlada	Tempo de produção e alto custo
Rádio/televisão	Dinâmicos, imediatos e mídia de massa	Tempo para produção, alto custo
Teleconferência	Interativa, imediata e participativa	Complexa, não confiável, programável
Videoconferência via computador/*tablet*	Interativa, alcance em massa, participação ativa, fala do professor	Ambiente adequado, exigência de equipamento de informática
E-learning	Interativo, controlado e participativo	Tempo de produção e alto custo
Gravações em áudio e vídeo	Interativo, motivacional e controlado	Tempo de produção e alto custo

A mídia impressa é composta por textos didáticos, jornais, boletins, resumos de livros, apostilas, apresentações em *PowerPoint*, entre outros. O destaque para a escolha dessa mídia refere-se ao fato de que, atualmente, com a tendência de uso do e-learning em EaD, já se elimina a necessidade de impressão desse material, considerando que sua disponibilização é feita via on-line. Por outro lado, a produção de um texto didático que atenda às necessidades de um curso e de uma disciplina requer investimentos em razão de seu alto custo e também de planejamento e decisão sobre questões de autoria, conforme já abordamos anteriormente.

O texto é a mídia mais adotada em cursos de EaD, conforme afirmam Moore & Kearsley (2007). Uma justificativa para esse fato talvez seja a popularização de editores de textos modernos com recursos de editoração de fácil manuseio, o que requer curiosidade e pesquisa dos interessados em produzir conteúdo para cursos de EaD.

Outro argumento válido é o fato de ser fácil de manuseio por parte dos alunos, mesmo aqueles textos com inserções de outras mídias para complementar, exemplificar ou ampliar questões que estão sendo discutidas. Além disso, é altamente controlado pelo aluno em relação a local e tempo de leitura. Este texto que você, aluno, está lendo agora é um exemplo dessa abordagem mencionada.

Segundo os autores mencionados, quase todos os cursos de educação a distância usam, de alguma forma, a mídia impressa. Some-se a isso o fato de que, mesmo quando um curso se utiliza de outras mídias, muitas vezes essas mídias funcionam como complemento do texto didático.

Convém destacar que cursos somente baseados em apresentações em *PowerPoint* não são dotados de qualidade suficiente, haja vista que essa estratégia restringe demais a abordagem de conteúdos.

Gravações em áudio e vídeo, isolados ou separadamente, para que tenham qualidade suficiente, necessitam de planejamento e de recursos humanos e técnicos, que muitas vezes não estão ao alcance de todas as instituições que planejam oferecer cursos na modalidade on-line, em razão de seu alto custo e tempo para produção, e que muitas instituições também não estão dispostas a pagar.

Essas mídias acabam sendo subutilizadas, mesmo apresentando potencial incrível, por sua interatividade e motivação, para a aprendizagem a distância. Elas podem ser usadas para explicar conteúdos ou passagens do texto didático, demonstrar instruções de uso sobre algo, ensinar procedimentos diversos, apresentar opiniões de especialistas, entre outras funções.

Programas para rádio e TV também demandam recursos humanos e técnicos que encarecem a produção, além de demandar tempo para a elaboração de roteiros, ensaios, gravações e edições, embora seja uma mídia de alcance inestimável e também motivacional, haja vista que, de maneira geral, as pessoas cultivam o hábito de ver televisão.

Vale mencionar que têm se tornado comuns programas educacionais produzidos para o formato TV, embora sejam para serem exibidos em canais on-line.

Em relação à audioconferência, como já dissemos, atualmente, há uma tendência de desenho de cursos de educação a distância baseados em computador e essa mídia acaba sendo relegada, mas é importante mencionar que há diversas possibilidades de audioconferência também via on-line, como, por exemplo, utilizando programas como *Skype*, entre outros disponíveis no mercado.

A videoconferência pode ser utilizada em sala de aula ao menos sob duas perspectivas. A primeira usando equipamento que permite que grandes grupos participem da aula ou a segunda, por meio de computadores e softwares específicos, como o próprio *Skype* já mencionado, um dos mais comuns do mercado, embora seja mais apropriado para grupos menores de participantes.

Como podemos perceber, há um grande número de opções de tecnologia a serem adotadas em cursos na modalidade a distância. Cabe ao profissional da área de EaD escolher e justificar a mídia ou as mídias mais adequadas que atendam às necessidades tanto dos alunos quanto da instituição que oferece o curso a distância, lembrando que, atualmente, a tecnologia em foco é a internet. Por essa razão, muitos cursos são oferecidos a partir da abordagem e-learning.

Para concluir esta unidade, a partir das questões mais gerais apresentadas sobre os conceitos de multimídia e aspectos de planejamento de uso de materiais didáticos para cursos na modalidade a distância, esperamos que nossos alunos-professores tenham tido uma dimensão das possibilidades e também dos critérios de escolhas das mídias abordadas.

Glossário – Unidade 1

Aprendizagem colaborativa: é centrada no aluno e no processo de construção do conhecimento, é realizada em um ambiente de aprendizagem em que há interação entre os integrantes, que também produzem conhecimento por meio dessa interação.

Assíncrono: ocorre quando estudantes e tutores/orientadores não estão no mesmo ambiente, ou seja, não estão conectados por algum recurso tecnológico.

E-learning: refere-se ao uso de meios eletrônicos e tecnológicos para a aprendizagem. A educação a distância pode ou não fazer uso desses recursos, embora, como já dissemos, seja uma tendência atual o uso dessas estratégias para oferecimento de cursos de EaD.

Hiperlinks: são ligações, conexões inseridas em um texto digital que permitem conectar-se facilmente a outros textos, vídeos ou outros conteúdos digitais hospedados em outras páginas da *web*.

Kit multimídia: composto pela parte física (hardware) do computador, que envolve uma placa de som, drive de *CD-Room*, microfone e caixas acústicas, embora os equipamentos mais atuais já tragam todos esses componentes embutidos, o que se aplica também a smartphones, *tablets*, câmeras fotografias, entre outros.

Letramento digital: refere-se à capacidade que um sujeito tem de responder a demandas sociais que envolvem recursos tecnológicos e escrita em ambientes digitais; é a capacidade do uso, de forma natural, das regras da comunicação em ambiente digital.

Moodle: é uma plataforma de ensino a distância construída em software livre, ou seja, acessível a todos, sem a necessidade de pagar por isso; é uma sala de aula virtual que permite gerenciamento de atividades de ensino-aprendizagem a distância.

Multimídia: modos diversificados de veiculação de informação em mídias e canais diferentes, com o uso de um computador, um *tablet*, um smartphone ou outro equipamento tecnológico, de maneira que os utilize para comunicação de sons, imagens estáticas ou em movimento, textos e vídeos, de maneira individual ou integrada, a partir de uma combinação de formas de comunicação.

Síncrono: quando estudantes e tutores/orientadores estão presentes, mesmo que virtualmente, no mesmo ambiente, mediados por algum recurso tecnológico.

UNIDADE 2
NECESSIDADES PARA ELABORAÇÃO DE MATERIAL DIDÁTICO PARA EAD: AULAS ON-LINE

Capítulo 1 Introdução, 28

Capítulo 2 Aulas on-line, 28

Capítulo 3 Guia de estudo, 29

Capítulo 4 Videoaula, 34

Capítulo 5 Teleconferência, 38

Capítulo 6 Videoconferência, 41

Capítulo 7 Webconferência, 43

Glossário, 47

1. Introdução

Como afirmamos na unidade anterior, para pensarmos na elaboração de qualquer material didático, primeiro, precisamos partir do plano de curso e da disciplina, para a qual se pretende planejar e elaborar o material.

> *P*ARA SABER MAIS: **Clique aqui** e leia o plano de um curso técnico em Contabilidade.

Esses documentos dão o norte em termos de organização e componentes curriculares, de objetivos e conteúdos de ensino-aprendizagem, além de contemplar questões relacionadas à avaliação, perfil de conclusão do aluno e também a concepção de educação que se deve adotar no projeto político pedagógico, independentemente do nível educacional do curso.

Em seguida, de posse dessas orientações iniciais, o professor responsável pelo planejamento e desenvolvimento do material didático pode, então, iniciar seu trabalho, que deve contemplar aspectos pedagógicos, recursos humanos e infraestrutura.

Como esta disciplina tem por objetivo proporcionar competências e habilidades para o profissional de educação planejar e produzir materiais didáticos para cursos na modalidade de EaD, contemplando a abordagem multimídia, na unidade anterior, tratamos dos conceitos e de questões mais gerais sobre o planejamento de uso da multimídia em EaD para, nesta unidade, abordarmos, de modo prático, o planejamento e desenvolvimento de materiais didáticos, apresentando necessidades e itens que devem ser observados na produção de material instrucional para aulas on-line, especificamente em relação às mídias **videoaula**, **teleconferência**, **videoconferência** e **webconferência**.

2. Aulas on-line

Tratamos, na unidade anterior, de questões relacionadas à abordagem **e-learning** em EaD.

Esclarecemos que essa abordagem refere-se ao uso de meios eletrônicos e tecnológicos para a aprendizagem, e a educação a distância pode ou não fazer uso desses recursos, embora, como já dissemos, seja uma tendência atual o uso dessas estratégias para oferecimento de cursos de EaD.

O e-learning pode ser **síncrono**, quando estudantes e tutores/orientadores estão presentes, mesmo que virtualmente, no mesmo ambiente, mediado por algum recurso tecnológico; ou **assíncrono**, quando estudantes e tutores/orientadores não estão no mesmo ambiente, ou seja, não estão conectados por algum recurso tecnológico ao mesmo tempo (ROSINI, 2007).

Essas informações preliminares permitem compreender que, então, quando tratamos de aulas on-line, estamos nos referindo ao meio, ao canal, em que essas aulas são veiculadas, lembrando que, nessa situação, alunos e tutores/orientadores podem estar síncronos ou assíncronos em relação ao ambiente em que se desenvolve a aula.

Além disso, as aulas que são transmitidas on-line podem ser desenvolvidas por meio de equipamentos tecnológicos como computadores, *tablets*, *smartphones*, entre outros, associados a uma conexão com a internet.

Podemos pensar, então, que um texto escrito, um **guia de estudo** estrategicamente elaborado sob a perspectiva dessa modalidade de aulas, pode ser uma estratégia para ser utilizada em aulas on-line; da mesma maneira, um vídeo também desenvolvido especificamente para ensinar via on-line pode ser uma forma de ensino e aprendizagem a distância, por meio de instrumentos tecnológicos associados ao acesso à internet, cujos raciocínios aplicam-se também à teleconferência, à videoconferência e à webconferência, mídias que serão abordadas ainda nesta unidade.

A partir dessas considerações, trataremos, a seguir, de questões relacionadas ao planejamento e produção de material didático para ensino-aprendizagem na modalidade a distância, considerando as necessidades e estratégias pertinentes ao desenvolvimento desse material para cada mídia acima especificada.

3. Guia de estudo

Guia de estudo é um tipo de material didático elaborado em forma textual e que apresenta e discute os conteúdos organizados e estruturados de uma disciplina oferecida para ensino-aprendizagem a distância e que costuma abordar dois aspectos: orientação ao aluno e apresentação de conteúdos de aprendizagem.

*A*TENÇÃO: *Em EaD, há certa confusão sobre a nomenclatura adotada para identificar o profissional que ensina por essa modalidade educacional, de maneira que não há um consenso em relação ao léxico correto que deve ser empregado: tutor/ orientador/ instrutor/ conselheiro, entre outros. Por essa razão, adotaremos tutor, no sentido de sinônimo das outras palavras. Na intenção de ajudar a esclarecer essa questão, recomendamos a leitura de um artigo disponível em: <https://etic2008.files. wordpress.com/2008/11/unesamariainmaculada.pdf>. Acesso em: 15 mai. 2015.*

Vale ressaltar que, geralmente, o guia de estudo é a base para a elaboração de outros materiais didáticos, desenvolvidos para outras mídias.

O primeiro aspecto do guia de estudo refere-se a orientações mais gerais, como organização e estrutura do curso, com especificação de metas, objetivos e cronograma de atividades.

Além dessas questões, busca orientar os alunos sugerindo técnicas e organização do tempo de estudo, sistemas de notas e avaliação e informações estruturais, em relação ao uso do sistema em que é disponibilizado o curso e também em relação ao contato com o tutor, entre outros aspectos de caráter mais geral.

O segundo aspecto que o guia de estudo considera é a apresentação dos conteúdos de aprendizagem e seus respectivos exercícios.

Esse material textual, geralmente, é disponibilizado em algum ambiente virtual, como páginas de internet, ou em ambiente virtual de ensino-aprendizagem – AVEA – ou, ainda, pode ser enviado por *e-mail* para que o aluno imprima, ou não.

De agora em diante, nosso foco será esse segundo aspecto do guia de estudo.

Em relação a sua estrutura, os conteúdos devem ser apresentados em unidades ou lições completas, como fazemos nesta disciplina intitulada *Multimídia em EaD*, de modo que contemple uma introdução/apresentação da unidade, indicando objetivos e conceitos básicos que aparecerão no transcorrer do texto.

Em seguida, apresentam-se e/ou discutem-se (a estratégia a ser adotada deve partir da análise do plano de curso e da ementa da disciplina) os conteúdos que se propõem a ensinar, organizados em títulos e subtítulos e apresentados sob uma estrutura lógica e coerente em termos de progressão temática, com indicação de referências bibliográficas e/ou bibliografias complementares ou até comentadas.

De acordo com Moore & Kearsley (2007), uma das razões que incentiva pessoas a matricularem-se em cursos a distância é o fato de que cursos planejados para essa modalidade educacional proporcionam uma estrutura completa do conteúdo e também do processo de aprendizado.

Acrescentam-se, a cada unidade, exercícios com objetivos de avaliar a aprendizagem dos alunos em relação a aspectos abordados, cuja estratégia também deve ser proveniente da análise do plano de curso e da ementa da disciplina.

O guia de estudo para aulas on-line diferencia-se do livro didático tradicional, na medida em que o primeiro é desenvolvido para uma disciplina específica, de modo que seu autor deve pensar em uma estrutura lógica de apresentação dos conteúdos para que facilite ao aluno o seu domínio. Tomemos como exemplo este guia que você está lendo neste momento, ele foi criado especificamente para a disciplina *Multimídia em EaD*, oferecida na modalidade on-line.

Quanto ao livro didático, ele nem sempre é desenvolvido especificamente para uma disciplina de determinada instituição e, por essa razão, é muito comum professores utilizarem mais de um livro para desenvolver o conteúdo de um componente curricular.

Ainda em relação à estrutura, a organização das unidades do guia de estudo deve se dar de modo harmônico, no sentido de criar identidade entre elas. Para exemplificar esse aspecto, apresentamos abaixo partes do livro *Matemática financeira aplicada*, publicado pela Cengage Learning (Castelo Branco, 2016).

Harmonia estrutural entre as unidades do guia de estudo

Podemos perceber, nos exemplos acima, o uso dos aspectos gráficos que criam estilo e identidade visual.

Recomendamos ainda o uso de técnicas para ressaltar palavras ou expressões, como fazemos nesta disciplina (veja que as palavras-chave estão realçadas em negrito e depois organizadas em um glossário, para facilitar a apreensão dos conceitos apresentados no guia), ou ainda para intitular seções ou subseções. O uso de itálico também pode ser utilizado para destacar palavras ou expressões, entretanto, precisa haver harmonia em relação ao uso, ou seja, é importante criar categorias de uso de recursos gráficos e tipográficos, para criar um estilo para o projeto.

Ainda em relação aos aspectos gráficos, é importante que o autor do guia de estudo tenha consciência de que seu texto escrito tem por função ensinar, o qual, na modalidade presencial, seria substituído pelo seu texto oral e de interação face a face. Por essa razão, é importante criar **boxes explicativos** sobre determinada passagem do texto, nos termos desenvolvidos nas unidades desta disciplina, inserindo explicações, exemplos, *links* para acesso a outras mídias, entre outras estratégias. Vejam abaixo alguns exemplos utilizados no mesmo e-book sobre Matemática Financeira mencionado anteriormente (CENGAGE LEARNING, 2013).

Boxes explicativos em guia de estudo

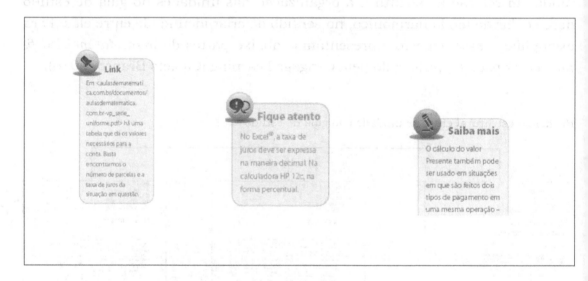

Além desses aspectos gráficos, é importante também utilizar imagens, da mesma maneira como fazemos neste guia de estudo, pois isso ajuda a fixar o conteúdo tratado, uma vez que proporcionamos não apenas a estratégia de leitura para apreensão dos assuntos discutidos, mas também de imagens, vídeos e outras mídias.

Sempre que possível, gráficos e tabelas também podem ser utilizados, em razão de proporcionar mais de uma forma de aprendizado. Ressaltamos que, ao utilizar essa estratégia, é importante tomar cuidado para que esses recursos não sejam apenas ilustrativos, mas que se integrem ao texto desenvolvido, proporcionando explicações e curiosidades abordadas pelos gráficos e/ou tabelas utilizadas. Não deixe que o leitor perceba isso intuitivamente, pois ele pode não ser capaz de percebê-lo e, caso isso ocorra, os recursos gráficos abordados deixam de cumprir uma função colaborativa no aprendizado.

Todas essas estratégias contribuem para que o guia de estudo não seja apenas textual e sobrecarregue demais o aluno. É importante usar linguagens diferentes, assim como uma formatação atraente e que também contemple espaços em branco para organizar os conteúdos apresentados.

Por isso, é importante pensar no tipo e tamanho de fonte (geralmente, utilizamos a *Times New Roman* ou a *Arial*, ou ainda, fontes derivadas delas, no tamanho 12), nos espaçamentos entre linhas (geralmente utilizamos 1,5), nos espaçamentos entre parágrafos (neste guia, por exemplo, utilizamos 12) e também nas margens, alinhamentos e entradas de parágrafos.

Quanto à elaboração do texto, recomendamos o uso de sentenças curtas, evitando-se o uso excessivo de informações explicativas. Quando isso se fizer necessário, recomendamos que as sentenças sejam organizadas de forma independente, a partir da estratégia de tópico frasal (inicie a sentença com o assunto a ser discutido).

Dê preferência ao uso de sentenças na voz ativa e de orações independentes, haja vista que o uso de orações subordinadas pode trazer dificuldades para a leitura, em razão de o referente, o assunto de que se trata, distanciar-se de seu complemento.

Além disso, recomendamos atenção sobre os aspectos de coesão e coerência textuais, de modo que as informações estabeleçam relação e, assim, o texto progrida de maneira lógica, retomando referentes (assuntos) e apresentando informações novas sobre eles.

Quanto à escolha do léxico, do vocabulário, evite palavras difíceis, optando por um vocabulário que não traga dificuldades para compreensão do conteúdo abordado. Lembre-se de que o texto que você, produtor de guia de estudo, escreve é uma aula para veiculação a distância, então é importante explicar os termos-chave e o vocabulário técnico (quando for necessário utilizá-lo).

Em resumo, o guia de estudo deve proporcionar uma abordagem, ao mesmo tempo local (do conteúdo que se discute) e de conjunto, estabelecendo relações entre o que se discute com outros aspectos da disciplina sobre a qual se escreve.

Corroboramos o posicionamento de Moore & Kearsley (2007) no sentido de evitar um tom literário, acadêmico ou erudito demais, ou seja, prefira um tom de conversação, de diálogo, já que o guia de estudo tem por função substituir as explicações que o professor faria em uma sala de aula presencial.

Em complemento ao guia de estudo, material textual que apresenta os conteúdos organizados de uma disciplina oferecida a distância, recomendamos a elaboração de exercícios para verificação da aprendizagem, o que pode ser feito nos moldes desta disciplina que você, aluno, estuda, como o questionário, estudos de caso, situações-problema, entre outros instrumentos, considerando o plano de curso e da disciplina como norte de todas as questões pedagógicas.

As orientações apresentadas nesta seção contribuem para facilitar a aprendizagem na modalidade a distância, a partir de uma abordagem textual dos conteúdos que, evidentemente, conectam-se com outras mídias, como veremos nas seções seguintes.

4. Videoaula

Videoaula é uma ferramenta que representa uma estratégia de ensino-aprendizagem utilizada na modalidade a distância, e também na presencial, em que o professor ensina determinado conteúdo para um curso específico, com o objetivo de desenvolver habilidades e competências específicas. Sua ação (áudio e imagem) é capturada por equipamentos tecnológicos com a finalidade de ser transformada em um material educacional de caráter audiovisual.

O vídeo é um instrumento poderoso para atrair e manter a atenção e também para transmitir impressões, conforme declaram Moore & Kearsley (2007), pois tem facilidade para demonstrar sequências de ações, ao utilizar, por exemplo, recursos visuais como lousas ou projeções de *powerpoint*, entre outras estratégias.

Uma videoaula pode ser produzida sobre os mais diferentes assuntos, para as mais diversas áreas do conhecimento.

*PARA SABER MAIS: **Clique aqui** e assista a uma videoaula sobre Contemporaneidade e educação: novos arranjos, que exemplifica uma entre várias outras formas de videoaula.*

Como vocês puderam perceber, a partir da observação da videoaula acima indicada, esse material contemplou duas estratégias: a primeira foi a gravação e edição de um vídeo introdutório e a segunda foi a gravação de uma palestra, sem nenhuma edição, ou seja, corte de imagem e som.

Um dos problemas de produção de videoaula pode ser observado no vídeo acima mencionado. Produzir videoaula exige criatividade e conhecimento profissional especializado para a produção de material de qualidade, que promova interação e que seja atrativo para o aluno. Simplesmente gravar palestras, que têm por função muitas vezes informar e atualizar sobre algum assunto, pode não ser a estratégia mais eficaz para o ensino a distância.

Esse trabalho exige criatividade, conhecimento, tempo e investimento, que, muitas vezes, instituições educacionais não estão dispostas a pagar.

Geralmente, a videoaula pode ser usada como complemento do guia de estudo, de modo que aborde alguma questão tratada textualmente.

Para planejar a produção de material didático que contemple a integração de áudio e vídeo é necessário roteirizar o conteúdo objeto da videoaula. Outro aspecto a considerar é a captura de áudio e vídeo de qualidade. Além disso, pode ser necessária a utilização de profissionais especializados em locução ou mesmo em atuação. Por fim, o tratamento de todo esse material precisa ser editado.

Uma boa notícia sobre essas considerações é que há muitos recursos disponíveis atualmente, como softwares de edição e equipamentos que permitem gravar áudio e vídeo de qualidade, entretanto, essa acessibilidade também pode contribuir para a produção de material extremamente amador.

Como já mencionamos, existem profissionais e empresas especializados na produção de material audiovisual de qualidade, entretanto, há custos altos para isso. Então, pensemos em algumas estratégias que podem ajudar você, aluno, na produção de seu próprio material didático de abordagem audiovisual, sem que ele apresente características amadoras.

Listamos a seguir alguns aplicativos que podem ser utilizados para a produção de uma videoaula.

Superada essa etapa de escolha do aplicativo a ser utilizado para a produção do seu material, a etapa seguinte seria estudar os recursos que o aplicativo escolhido pode oferecer assim como suas limitações. Esses conhecimentos ajudarão você, produtor de material didático audiovisual, na criação de seu conteúdo.

Storehouse	Permite utilizar fotos, vídeos e textos.
Magisto	Permite elaborar vídeos a partir de imagens estáticas, além de disponibilizar recursos de edição de imagens que melhoram o aspecto visual do material audiovisual.
Cinesound	Permite a produção de videoaula como também o compartilhamento desse material em diversas redes sociais.
Izzy vídeo	Permite produção de material utilizando-se de diversas mídias, além de ser muito indicado para iniciantes, em razão da simplicidade de seus recursos.
Wevideo	Permite a produção de videoaula, inclusive disponibilizando arquivos em seu diretório que podem ser utilizados na produção do material.

A próxima etapa é escolher o conteúdo a ser objeto da videoaula.

PARA SABER MAIS: Recomendamos a leitura de um artigo que aborda a roteirização de videoaulas para educação online, disponível em: <http://www.ebah.com.br/content/ABAAABKMAAE/roteirizacao-video-aulas-a-educacao-on-line>. Acesso em: 25 maio 2015.

Pense em algum aspecto que foi abordado no guia de estudo que você queira desenvolver mais ou que necessite de explicações e exemplos mais detalhados. Em seguida, há duas opções a serem seguidas: a primeira refere-se à roteirização do conteúdo e a segunda a uma pauta a ser desenvolvida na aula.

*PARA SABER MAIS: **Clique aqui** e assista a um fragmento do Jornal da Band. Observe que as notícias que os apresentadores noticiam são textos escritos para a finalidade específica de serem lidos, ou seja, são textos com características da língua falada.*

Escrever roteiros para videoaula requer habilidades e conhecimentos linguísticos específicos. Um roteiro é um texto escrito que é elaborado com a finalidade de ser oralizado, ou seja, é um texto escrito para ser lido e, portanto, deve apresentar características de um texto oral, mais interativo. Esse roteiro também pode ser um esboço do que será utilizado em termos de imagens estáticas, vídeos com áudios que podem ser inseridos no material e a narrativa principal que será apresentada.

PARA SABER MAIS: Designer instrucional é o profissional especializado na produção de material audiovisual para instrução, que orienta a transposição do roteiro para o vídeo, considerando, por exemplo, cenários para gravação das cenas, enquadramento e movimentação de câmeras, inserção de animação, som, ilustrações, entre outros elementos que enriquecem uma videoaula.

Geralmente, a produção de roteiros para videoaula é feita em conjunto com o professor conteudista e o **designer instrucional**. Esse roteiro precisa apresentar ao menos três estratégias, na perspectiva de Gutierrez & Prietto (1993):

- *Estratégias de entrada*: utilizar de questões motivadoras e interativas que despertem o interesse do aluno em aprender, como uma pergunta, um questionamento sobre algo, utilizando-se de uma linguagem dialógica e informal. Nessa etapa, recomendamos também apresentar uma visão geral do tema, demonstrando sua importância, assim como apresentar o objetivo ou objetivos da aula a serem alcançados.

- *Estratégias de desenvolvimento*: apresentar conceitos e detalhamento do que foi apresentado na etapa anterior, de maneira que seja possível atingir os objetivos anunciados no início da aula. Nessa etapa, é importante apresentar exemplos e demonstrações que facilitem o aprendizado do aluno. Recomendamos também o uso de perguntas retóricas para chamar a atenção do aluno e também trazer respostas para questões específicas, de forma direta. Evite referências a outras questões associadas ao curso, como atividades, exercícios, etc.

- *Estratégias de encerramento*: resumir os aspectos mais importantes abordados, estabelecendo uma conexão com os objetivos da aula anunciados no início é uma ótima estratégia para o encerramento do vídeo. Alguma observação prática relacionada também aos objetivos da videoaula pode ser uma boa estratégia para ser abordada nessa etapa do vídeo. Se a videoaula contempla a realização de alguma atividade baseada nela, esse seria o momento, então, de mencioná-la.

Todo o conteúdo de uma videoaula, contemplando esses três aspectos, pode ser escrito para que o professor leia. O ponto positivo da utilização dessa estratégia é o fato de que tudo o que foi planejado será abordado no vídeo. Além disso, permite mais confiança e tranquilidade ao professor. O ponto negativo pode ser a perda da naturalidade de sua atuação.

Uma segunda alternativa seria o professor criar uma pauta com os pontos que pretende desenvolver em sua aula. Entretanto, isso pode criar certo nervosismo ao gravar o vídeo, já que o professor terá de gerenciar várias questões, como o conteúdo e os aspectos técnicos da gravação, e isso pode trazer uma certa dificuldade. O ponto positivo é que essa estratégia soa mais natural e próxima do que aconteceria em uma aula presencial e tradicional.

Além desses cuidados, é importante pensar na qualidade do vídeo e, para isso, cuidados com o ambiente, o cenário e a iluminação podem contribuir para que sua videoaula imprima a qualidade desejada e necessária.

O áudio também requer cuidado especial, de maneira que a acústica do ambiente seja adequada, sem ruídos que interfiram na recepção do conteúdo da aula. Para isso, o uso de um microfone ou *headset* de boa qualidade pode ajudar na qualidade do áudio de seu material. Outro aspecto que também deve ser observado é a pronúncia do professor, que deve ter uma dicção perfeita, observando questões de volume, tonalidade e intensidade da voz.

*P*ARA SABER MAIS: **Clique aqui** e assista ao vídeo que explica a estruturação de videoaulas.

Por fim, vale ressaltar que todos os vídeos produzidos para um curso, por exemplo, devem ter um padrão, uma identidade, de maneira que precisam ser harmônicos em relação às escolhas de recursos utilizados, inclusive, com a inserção do nome da instituição ou do professor, de uma vinheta, entre outros aspectos.

5. Teleconferência

Teleconferência em educação a distância refere-se a um meio de instrução intermediada por tecnologia de telecomunicação, cujos participantes não estão fisicamente no mesmo lugar, mas a distância e conectados por meio de uma linha telefônica e de dispositivos tecnológicos. Teleconferência, em educação a distância, então, é um nome genérico que se dá a ações com finalidades educacionais, que podem manifestar-se em forma de áudio, audiografia, vídeo e computador.

A **audioconferência** é realizada com o auxílio de uma linha telefônica associada a algum equipamento tecnológico, de maneira que permita aos participantes alocados em lugares e espaços diferentes interagirem, por meio de áudio (e também por meio de textos, em caso de a audioconferência ser realizada via computador), de alguma atividade pedagógica na modalidade a distância.

Portanto, as interações em audioconferência podem ocorrer por meio de um canal de áudio compartilhado entre os vários participantes, no qual eles interagem com um moderador do evento, alguém que gerencia e media as manifestações orais dos envolvidos na audioconferência. Recomendamos que esses participantes não ultrapassem a quantidade de 15 alunos, para que não se limite demais a participação deles na aula via audioconferência.

Os participantes também podem interagir por meio de textos que, em caso de o evento ser realizado por meio de um computador, podem ser digitados em um *chat*, disponibilizado em algum ambiente virtual, ou enviados arquivos para *downloads*. Esses canais podem ser usados simultânea ou isoladamente. Vale ressaltar que, para a realização de uma audioconferência, não é necessária uma lista extensa de requisitos, basta um computador com dispositivos de áudio, microfone, *headphone* e conexão com a internet, o que caracteriza a audioconferência on-line.

A audioconferência também pode ser realizada por meio de telefones, móveis e/ou fixos, que permitam realizar chamadas com vários participantes, também conhecida como audioconferência tradicional.

> *PARA SABER MAIS: Recomendamos a leitura de um artigo que aborda a audioconferência na educação a distância, disponível em: <http://www.abed.org.br/seminario2006/pdf/tc024.pdf>. Acesso em 25 maio 2015.*

Para utilizar-se dessa estratégia, primeiro, é indicado que se elabore o guia de estudo, um material de leitura estruturado, atendendo aos objetivos do curso e também do público-alvo. A audioconferência proporcionará situações para a explicação e interatividade direta entre aluno e tutor, além de ter como função complementar a apresentação de uma estratégia diferente daquela utilizada pelo guia de estudo, que é o aprendizado por meio da leitura.

Quanto à estrutura da audioconferência, ela não é muito rígida, mas existe a necessidade de uma pauta mínima de discussão, já que muitas questões podem emergir da própria discussão e interação entre alunos e também entre eles e o tutor.

O tutor, então, deverá ser capaz de perceber isso e maximizar as oportunidades de ensino-aprendizagem, a partir da percepção e mediação da audioconferência. Essa pauta mínima pode estar relacionada a temas apresentados no guia de estudo, por exemplo.

A audioconferência também pode ser utilizada com a finalidade de os alunos apresentarem resumos de algum trabalho, ou seja, como instrumento de avaliação.

Geralmente, a duração de uma audioconferência é em torno de 15 e 20 minutos, de maneira que o tutor precisa organizar bem a pauta e o tempo de discussão de cada item.

Outra forma de teleconferência refere-se à **audiografia**. Trata-se de uma tecnologia baseada em computador, de maneira que é possível transmitir dados tanto em formato de voz quanto de imagem. Para tanto, é necessário, além do computador já mencionado, com dispositivos de caixa de som e microfone, acesso à internet, que também possibilita transmitir arquivos em formas de imagem.

Essa tecnologia é bastante adequada para cursos a distância que trabalham com imagens, fórmulas, equações, gráficos, entre outras linguagens similares. Com isso, o tutor, por exemplo, pode demonstrar na imagem aquilo que ele verbaliza, entre outras estratégias.

O uso dessa estratégia combina áudio, imagem e texto.

Há vários softwares disponíveis para realização de audiografia, como, por exemplo, os oferecidos pelo *Yahoo*, *Groove*, *ICQ*, entre outros.

> *P*ARA SABER MAIS: *Para obter mais informações sobre esses softwares, recomendamos acesso aos endereços eletrônicos abaixo indicados:*
> <http://messenger.yahoo.com>
> <http://groove.com>
> <http://icq.com>

Essa estratégia pode utilizar os mesmos procedimentos elencados para a audioconferência, com a ressalva de que, nesse caso, trabalhamos com áudio e imagens.

Como mencionamos, há também a vídeo e webconferência como formas de teleconferência, das quais trataremos separadamente, a seguir.

6. Videoconferência

É um sistema de transmissão de dados que contempla áudio e imagem em movimento nos dois sentidos, ou seja, no contexto de educação a distância, temos de um lado o tutor e de outro, os alunos, portanto, esse sistema permite transmissão e recepção de dados de áudio e vídeo tanto por parte dos alunos quanto por parte do tutor.

De acordo com Moore & Kearsley (2007), há três modalidades de videoconferência: conferências que são realizadas em espaços pequenos e são feitas especificamente para grupos menores, de até 12 participantes situados em qualquer local; conferências em sala de aula com foco em grandes grupos; e as conferências realizadas por meio de computadores, das quais trataremos mais adiante, em pormenores.

Os procedimentos para a realização de uma videoconferência seguem aqueles orientados para a audioconferência. Entretanto, nesse caso, há um diferencial em relação à imagem em movimento, que requer cuidados especiais.

É importante que a acústica do local em que se realizará o evento seja adequada, que não haja ruídos e tampouco reverberação e que a qualidade do som seja perfeita; quanto à imagem, é importante que haja iluminação suficiente para não comprometer a imagem do especialista e, consequentemente, do evento como um todo.

Em caso de utilização de algum recurso de projeção, deve-se atentar para que a visualização do que se deseja demonstrar não seja comprometida pela falta de planejamento e coordenação desses aspectos técnicos destacados. Tudo isso deve ser bem cuidado para não comprometer a qualidade da videoconferência, assim como da disciplina, do curso e de todos os profissionais envolvidos na modalidade de educação a distância em foco. Quanto à duração, pode variar de 1 a 3 horas.

Em relação ao nível de interação, se compararmos com a audioconferência ou mesmo com a audiografia, é menor, haja vista que essas duas últimas modalidades são realizadas, comumente, com um número bem reduzido de participantes.

A videoconferência pode ser realizada com grupos menores, o que possibilita maior interação, e em grupos maiores, demandando uma estrutura mais complexa e custosa, o que envolve mais profissionais.

Também pode ser realizada, em relação ao local em que os participantes encontram-se, de ponto a ponto, quando há apenas o local em que o especialista atuará na videoconferência e o local em que estarão todos os participantes; pode ser também multiponto, ou seja, quando existe o local onde o especialista atua e outros locais onde estarão os participantes. Ressaltamos que, em caso de múltiplos polos, o especialista precisa interagir com todos de maneira dinâmica, a fim de manter motivação e interesse pelo evento. Essa estratégia é desenvolvida a partir de um local e é transmitida para muitos lugares, inclusive internacionalmente.

Moore & Kearsley (2007) propõem os seguintes componentes para a realização de uma videoconferência:

- *Localização e preparação dos coordenadores locais:* a função desses coordenadores é identificar especialistas que estejam dispostos a participar do evento, assim como coordenar a videoconferência e todas as questões a ela relacionadas.

- *Seleção do apresentador e do moderador da videoconferência*, em situações que assim exigem: o apresentador (ou apresentadores),, normalmente, é alguém dinâmico e com perfil adequado para a televisão; o moderador é alguém que tem experiência na área do conhecimento objeto da videoconferência. A

Unidade 2 – Necessidades para elaboração de material didático para ead: aulas on-line

função do moderador é coordenar os apresentadores durante a videoconferência, encaminhar perguntas dos participantes, mediar discussões e também incentivar e formular perguntas. Vale ressaltar que a videoconferência também pode ser realizada apenas com um professor e ele mesmo é responsável pela mediação do evento.

- *Preparação do anúncio da videoconferência e também do material dos participantes:* é fundamental que os alunos recebam informações sobre a videoconferência, como data, hora, requisitos de equipamentos, objetivos do encontro, informações sobre a relação do apresentador/professor/mediador com o tema objeto da videoconferência, entre outras informações importantes; também é preciso que os alunos participantes recebam instruções sobre leituras a serem realizadas e, quando necessário, que seja disponibilizado material para isso. Ressaltamos que todo esse procedimento precisa ser realizado com antecedência suficiente para que todos possam preparar-se.

- *Ensaio*: é importante que o mediador/professor/tutor estude suficientemente o conteúdo e elabore uma pauta, roteiro, sobre os caminhos que deverão percorrer para a apresentação do conteúdo.

- *Interação:* durante o evento, devem existir momentos para que os participantes formulem questões para o professor. Isso pode ser feito ao vivo ou encaminhado por escrito, via *e-mail, WhatsApp* ou outro meio eletrônico.

- *Atividade pós-conferência:* o especialista pode responder a perguntas, os participantes podem formar grupos de trabalhos, serem encorajados a participar de fórum de discussão, entre outras possibilidades.

- *Finalização e avaliação*: o especialista pode resumir os pontos mais importantes abordados durante a videoconferência ou, ainda, os que surgirem na atividade pós-evento. Recomendamos que um questionário de avaliação seja elaborado previamente para aplicação neste momento, com a intenção de avaliar a relevância e o aproveitamento da videoconferência.

7. Webconferência

É um sistema de transmissão de dados, com uso de computador ou outro dispositivo eletrônico conectado à internet, que contempla áudio, vídeo, texto e imagem, tudo isso de modo bidirecional, ou seja, no contexto de educação a distância, de um lado, há o tutor e de outro, os alunos. Portanto, esse sistema possibilita a transmissão e recepção de dados tanto por parte dos alunos quanto por parte do tutor. Essa atividade permite que todos os envolvidos no evento interajam vendo e ouvindo uns aos outros, de modo síncrono.

A inserção dessa ferramenta na educação a distância promoveu um avanço e uma evolução nessa modalidade de ensino-aprendizagem, entre outros aspectos,

por seu baixo custo (ao contrário da videoconferência), facilidades de acesso e por ser a mídia que mais se aproxima da educação tradicional, presencial.

É uma situação análoga à videoconferência, com a diferença de que a webconferência utiliza-se de computador, software (programa) e acesso à internet. Ressaltamos que a qualidade de conexão da internet influenciará de maneira definitiva na qualidade das interações promovidas entre as pessoas participantes por meio do software.

Há inúmeros softwares disponíveis na *web*, inclusive muitos deles oferecidos gratuitamente. Destacamos o *Adobe Acrobat Connect Pro* e o *Skype*, ambos podem ser adquiridos gratuitamente através de *download* diretamente da *web*.

PARA SABER MAIS: Recomendamos que você acesse alguns tutoriais para familiarizar-se mais com a tecnologia e softwares de webconferência:
<http://moodle19.uab.unb.br/file.php/1/confweb/formacao/web_conf_tutores_dist/index.htm>
<http://portal.rnp.br/web/servicos/tutoriais>
<http://breeze.jt.gov.br/p20925239/>
<http://breeze.jt.gov.br/p13284475/>
<http://www.connectusers.com/learning_center/getting_started/>

Há ainda um gerenciador (professor, tutor, especialista) que controla o áudio, o vídeo e também as interações dos participantes por *chat*, realiza os convites on-line e habilita o uso das ferramentas disponíveis no software utilizado.

O professor desempenha papéis específicos em webconferências: papel social, papel gerencial e papel técnico (DOTTA, BRAGA & PIMENTEL, 2012).

O *papel social* refere-se à competência do professor em criar um clima favorável e amigável entre os participantes para promover o processo de ensino-aprendizagem, mesmo que separados fisicamente, mas presentes virtualmente. Destacamos que a comunicação via computador pode ter limitações em termos de relações interpessoais e o professor deve cuidar para que isso não seja um obstáculo para o ensino e a aprendizagem.

*PARA SABER MAIS: **Clique aqui** e leia um artigo que orienta como conduzir aulas síncronas em sistemas de webconferência.*

Unidade 2 – Necessidades para elaboração de material didático para ead: aulas on-line

O *papel gerencial* refere-se à administração e gerenciamento das atividades a serem desenvolvidas na webconferência, em relação ao tempo programado para o evento. Em resumo, esse papel está relacionado às questões pedagógicas.

Já o *papel técnico* refere-se às habilidades do professor em relação à usabilidade do software escolhido para a realização da webconferência. O professor deve conhecer em detalhes as ferramentas oferecidas pelo software, a fim de facilitar o manuseio por parte dos alunos.

De maneira geral, alguns procedimentos devem ser seguidos para o planejamento de aulas virtuais síncronas: preparação do ambiente, dos materiais a serem disponibilizados, decisões sobre compartilhamento e tipo de materiais, preparação dos mediadores e a gestão da turma e avaliação da aprendizagem (DOTTA, BRAGA & PIMENTEL, 2012).

Vale ressaltar que estamos tratando de webconferências e, portanto, de uma tecnologia que permite a transmissão de imagens estáticas e em movimento, sons, textos elaborados em outro programa, textos produzidos ao vivo, via *chat*, animação, entre outras possibilidades.

Isso significa que você pode preparar esses materiais (que permitem a elaboração prévia – nesta unidade, estamos tratando da produção de materiais multimídias) ou selecionar materiais prontos que estejam alinhados com a temática e também com os objetivos do curso e da aula vinculada a ele.

Como já mencionamos, esses materiais, tanto aqueles produzidos como os selecionados por você, devem seguir alguns princípios, baseados em Moore & Kearsley (2007):

- *Boa estrutura*: a organização do material precisa ser muito didática e compreensível para o aluno, além de ser esteticamente interessante. Em resumo, ela deve considerar critérios de usabilidade e acessibilidade.

- *Objetivos claros*: o material produzido precisa ter uma finalidade geral e algumas específicas, ou mesmo uma apenas, mas de modo claro e sem ambiguidade. Algo que o aluno seja capaz de reproduzir sem hesitação, algo que ele seja capaz de comprovar ao final da situação de ensino-aprendizagem.

- *Unidades pequenas*: os conteúdos devem ser produzidos em unidades menores, com começo, meio e fim. Isso também aplica-se à produção de vídeos e também a atividades via webconferências.

- *Participação planejada*: a participação e interação dos alunos devem ser estruturadas. Uma estratégia indicada é a preparação de perguntas que promovam a interação do aluno com o professor ou mesmo com outros alunos. Não espere que os alunos participem de maneira espontânea, pois isso pode ser frustrante para você, professor.

- *Integralidade:* todos os materiais produzidos, considerando-se uma abordagem multimídia de materiais didáticos, como temos defendido neste curso, devem ser coerentes e dialogar entre eles.

- *Repetição:* a repetição também proporciona aprendizagem, dessa maneira, é importante que, independentemente da mídia que se utiliza para produzir material didático, haja explicações repetitivas, feitas de maneiras diferentes, a fim de enfatizar e facilitar o aprendizado.

- *Síntese:* recomendamos que você faça sínteses e resumos dos aspectos mais importantes nos materiais que produzir, independentemente da mídia abordada; recomendamos também que, em *web* ou videoconferências, você encoraje, incentive e proporcione situações para que os alunos também sintetizem ideias, informações, pois isso auxilia na aprendizagem.

- *Simulação e variedade:* os materiais precisam ser apresentados em uma variedade de mídias para captar e manter a atenção e atender a interesses específicos dos alunos.

- *Modularidade:* utilize variedade de formulação de atividades, para que o aluno seja capaz de adaptar o conteúdo a situações de seu interesse.

- *Avaliação:* os alunos precisam ser avaliados e receber *feedback* de sua evolução na aprendizagem durante todo o curso, inclusive ao término de unidades, independentemente da mídia em que forem veiculadas.

A partir das orientações apresentadas e discutidas neste texto, esperamos que, ao final desta unidade, você seja capaz de mobilizar conhecimentos teórico-práticos abordados para o planejamento e produção de material didático para EaD, com foco específico em aulas on-line.

Abordamos diversas estratégias para a produção de guia de estudo e videoaula e também para o planejamento e condução de teleconferências, com foco em vídeo e webconferências.

*PARA SABER MAIS: Para saber mais sobre o uso de webconferências em educação a distância, **clique aqui** e leia o material disponibilizado para um curso específico sobre webconferências.*

Além disso, esperamos que você seja capaz de avaliar o material didático produzido sob a abordagem multimídia.

Por fim, como já anunciamos, a EaD é uma modalidade educacional promissora, que abre muitas oportunidades de trabalho. Esta etapa do curso de Metodologia de Ensino em Educação a distância contribui sobremaneira para isso.

Glossário – Unidade 2

Audioconferência: realizada com o auxílio de uma linha telefônica associada a algum equipamento tecnológico, permite que participantes alocados em lugares e espaços diferentes interagirem, por meio de áudio, em alguma atividade pedagógica na modalidade a distância.

Audiografia: trata-se de uma tecnologia baseada em computador, de maneira que é possível transmitir dados tanto em formato de voz quanto de imagem. Para isso, é necessário, além do computador com dispositivos de caixa de som e microfone, acesso à internet, que também possibilita transmitir arquivos em formas de imagem.

Boxes explicativos: pequenos textos inseridos em um guia de estudo, com formatação diferenciada e destacada, para chamar a atenção do leitor para aspectos importantes do texto.

Designer instrucional: profissional especializado na produção de material audiovisual para instrução, que orienta a transposição do roteiro para o vídeo, considerando, por exemplo, cenários para gravação das cenas, enquadramento e movimentação de câmeras, inserção de animação, som, ilustrações, entre outros elementos que enriquecem uma videoaula.

E-learning: refere-se ao uso de meios eletrônicos e tecnológicos para a aprendizagem. A educação a distância pode ou não fazer uso desses recursos, embora, seja uma tendência atual o uso dessas estratégias para oferecimento de cursos em EaD.

E-learning síncrono: ocorre quando estudantes e tutores/orientadores estão presentes, virtualmente, no mesmo ambiente e ao mesmo tempo, mediados por algum recurso tecnológico.

E-learning assíncrono: ocorre quando estudantes e tutores/orientadores não estão no mesmo ambiente, ou seja, não estão conectados por algum recurso tecnológico de maneira simultânea.

Guia de estudo: tipo de material didático elaborado em forma textual e que apresenta e discute os conteúdos organizados e estruturados de uma disciplina oferecida para ensino e aprendizagem a distância, além de abordar dois aspectos: orientação ao aluno e apresentação de conteúdos de aprendizagem.

Teleconferência: meio de instrução intermediada por tecnologia de telecomunicação, cujos participantes não estão fisicamente no mesmo lugar, mas a distância e conectados por meio de uma linha telefônica e dispositivos tecnológicos.

Videoaula: estratégia de ensino-aprendizagem utilizada na modalidade a distância, e também na presencial, em que o professor ensina determinado conteúdo para um curso específico com o objetivo de desenvolver habilidades e competências específicas. Sua ação (áudio e imagem) é capturada por equipamentos tecnológicos com a finalidade de ser transformada em um material educacional de caráter audiovisual.

Videoconferência: sistema de transmissão de dados que contempla áudio e imagem em movimento nos dois sentidos, ou seja, no contexto de educação a distância, temos, de um lado, o tutor e de outro, os alunos. Portanto, esse sistema permite transmissão e recepção de dados de áudio e vídeo tanto por parte dos alunos quanto por parte do tutor.

Webconferência: sistema de transmissão de dados, com uso de computador ou outro dispositivo eletrônico que o possibilite, conectado à internet e que contemple áudio, vídeo, texto e imagem, tudo isso de modo bidirecional.

UNIDADE 3
AUTORIA EM MULTIMÍDIA E O TRATAMENTO DO ÁUDIO PELO COMPUTADOR

Capítulo 1 Introdução, 50

Capítulo 2 Direitos autorais, uma preocupação internacional, 50

Capítulo 3 Direitos autorais na legislação brasileira e a autoria em multimídia, 51

Capítulo 4 Exceções para reprodução de conteúdos sem violação de direitos autorais, 56

Capítulo 5 Tratamento do som: produção autoral, edição e reprodução de áudio para composição, 58

Glossário, 66

1. Introdução

Na unidade anterior, abordamos questões relacionadas ao planejamento e produção de material didático. Entretanto, como não era o foco de nossa abordagem, deixamos de trazer um aspecto muito importante para quem produz material didático: a questão dos direitos autorais. Todo profissional que produz material didático deve observar a legislação específica que dispõe sobre o assunto. Em tempos de internet e aulas on-line, é muito fácil copiar textos, imagens, apropriar-se de arquivos de *PowerPoint*, de vídeos e de áudio, mídias muito comuns em cursos de educação a distância.

Para usar ou reproduzir esses materiais, e considerando o caráter comercial desse uso, é necessário pedir permissão para os detentores dos direitos autorais, que são autores, editores, instituições, entre outros, em função do direito de propriedade e, consequentemente, de propriedade intelectual.

Em razão disso, nesta unidade, apresentaremos e discutiremos o conceito de autoria, baseado na legislação brasileira que dispõe sobre direitos autorais e propriedade intelectual, trazendo à discussão, inclusive, a questão do áudio.

Aproveitaremos a oportunidade para apresentar algumas estratégias de tratamento do som pelo computador, relacionadas à gravação, edição e reprodução de arquivos de áudio, afinados com os princípios da educação a distância.

2. Direitos autorais, uma preocupação internacional

Os direitos autorais são internacionalmente garantidos. Na Declaração Universal dos Direitos Humanos, especificamente no artigo XXVII (ONU, 1948), há expressamente a referência a essa questão quando menciona-se que todo ser humano tem o direito de participar livremente da vida cultural de sua comunidade, de gozar as artes e de participar do progresso científico, assim como de seus benefícios. Ainda menciona que todo ser humano tem direito à proteção dos interesses morais e materiais inerentes a qualquer produção científica, literária ou artística da qual seja autor.

Como **produção científica, literária ou artística**, para fins de direitos autorais, entendemos aquelas que se realizam por meio de livros (físicos ou eletrônicos), artigos científicos, romances, obras de arte, filmes, material audiovisual, músicas, fotografias, animações, entre tantas outras. A produção científica refere-se a investigações produzidas nas mais diversas áreas do conhecimento, com a finalidade de promover melhoria na qualidade de vida de uma população, já as produções literária e artística referem-se a formas de recriação da realidade a partir da perspectiva de seu autor, utilizando-se da linguagem de forma criativa.

Podemos perceber que o material didático, foco desta disciplina, está contemplado nessa proteção.

Além da menção expressa na Declaração Universal de Direitos Humanos, o Brasil é signatário de vários acordos internacionais em que assume compromisso de respeitar e proteger os direitos de seus autores de produções intelectuais. Entre esses acordos, citamos o de Berna, assinado em 1975, e o de Roma, assinado em 1965.

Some-se a isso a legislação brasileira específica, analisada a seguir.

3. Direitos autorais na legislação brasileira e a autoria em multimídia

As Leis n. 6.910, de 19 de fevereiro de 1998 (BRASIL, 1998) e n. 12.843/2013 (BRASIL, 2013) dispõem sobre direitos autorais e dão outras providências, considerando como direitos autorais os direitos de autor e o que lhes são conexos.

De acordo com a redação da Lei sob análise, em seu artigo 11º, **autor** é considerado qualquer pessoa física criadora de uma obra literária, artística ou científica, mas essa proteção também poderá ser aplicada a pessoas jurídicas.

Há muitas situações em que uma pessoa física cria uma obra, mas concede a autoria a alguma personalidade jurídica.

Consideramos **autor de material didático** o profissional que cria, adapta e traduz texto, áudio, vídeo, apresentações em *PowerPoint*, entre tantos outros materiais utilizados em cursos de educação a distância.

Os direitos autorais, para efeitos legais, recaem sobre bens móveis. De acordo com o Código Civil Brasileiro (BRASIL, 2002), bens móveis são bens suscetíveis de movimentação, ou seja, são aqueles que podem ser transportados sem causar danificação a eles.

Um livro, por exemplo, é considerado um bem móvel, por contemplar características desse tipo de bem e, portanto, está sujeito à regulação da lei de direitos autorais e de propriedade intelectual, objetos de discussão nesta seção.

Por propriedade intelectual compreendemos a soma dos direitos que se referem às obras literárias, artísticas e científicas. Também são consideradas propriedade intelectual as invenções em todos os domínios da atividade humana, assim como as descobertas científicas e todos os direitos referentes à atividade intelectual nas esferas industrial, científica, literária e artística.

A palavra **propriedade** significa controle, regulamento jurídico sobre bens econômicos tangíveis ou não. O nosso Código Civil também aborda a questão da propriedade, em seu artigo 1228, no qual expressa que o proprietário tem a possibilidade de usar, gozar e dispor do bem sobre o qual recai a propriedade, assim como também tem o direito de reavê-la de quem injustamente a possua ou detenha.

Essa abordagem no Código Civil é esclarecedora em relação à propriedade, no caso específico, do material didático autoral.

Entretanto, é importante esclarecer que a lei de direito autoral não estabelece uma propriedade de ideias, de informação, mas sim a expressão de uma ideia.

Isso significa que qualquer um pode usar as ideias de um livro, por exemplo, para escrever outro sobre o mesmo conteúdo. Em outras palavras, a legislação permite o uso de ideias, métodos, conceitos e procedimentos normativos.

Na Constituição Brasileira de 1988 (BRASIL, 1988), no capítulo que trata dos Direitos e Deveres Individuais e Coletivos, há a referência expressa aos direitos autorais.

No artigo 5º da Legislação Maior está elencado que todos são iguais perante a lei sem distinção de qualquer natureza, complementando com a redação do inciso XXVII, que estabelece que aos autores pertence o direito exclusivo de utilização, publicação ou reprodução de suas obras.

Portanto, a redação é bastante clara e objetiva e, a partir disso, podemos entender perfeitamente que um produtor de material didático é autor, nos termos da lei, e, ao mesmo tempo, responsável pelo uso, publicação e/ou reprodução de outros materiais de autoria alheia que porventura forem inseridos em sua produção autoral.

Além disso, a redação dada ao inciso XXVIII garante aos autores a proteção às participações individuais em obras coletivas e à reprodução de imagens e vozes humanas.

Isso justifica, também, a abordagem desta unidade relacionando direitos autorais e material de áudio produzidos para fins didáticos, especialmente para a modalidade de educação a distância.

Da leitura dessa norma, permite-se concluir que o produtor de material didático não pode reproduzir em sua produção autoral produções alheias sem autorização prévia desses autores. Muitas vezes, para que se consiga uma autorização para uso de qualquer material, seja texto, seja aimagem estática, imagem em movimento, áudio, ou material que integra diversas linguagens, é necessário pagar uma taxa ou *royalty* aos seus autores.

A Lei n. 9.610/98, no artigo 5º, incisos I a VI, resguarda aos autores os direitos a seguir.

- Publicação: por qualquer forma ou processo, oferecer ao público obra de autoria definida, ou seja, não se trata de obra de domínio público.

- Transmissão ou emissão: por qualquer meio, transmitir áudio e/ou áudio e vídeo protegidos por direitos autorais.

- Retransmissão: emissão simultânea da transmissão para outra empresa de material regulado por lei.

- Distribuição: colocar à disposição do público o original ou cópia de qualquer obra, por meio de venda, locação, ou qualquer outra forma de transferência ou posse de material protegido por lei.

- Comunicação ao público: disponibilizar à audiência qualquer obra, por qualquer meio de comunicação, sem a distribuição física de exemplares. Isso significa que é vedada a comunicação de qualquer obra protegida por direitos autorais para o público, mesmo que não ofereça a posse de exemplar físico de seu conteúdo e que disponibilize algum conteúdo e não permita **download** ou recurso de cópia, como há possibilidade de fazer em ambientes virtuais.

- Reprodução: copiar de um ou de vários exemplares trechos ou a totalidade de uma obra, vedado qualquer tipo de armazenamento, seja físico, seja eletrônico ou virtual.

Sobre essas questões, Moore & Keasrley (2007) afirmam que muitos professores, em sala de aula tradicional, presencial, utilizam-se de forma irregular de diversos materiais que não foram produzidos por eles, como cópias de capítulos de livros, material audiovisual, entre outros. Entretanto, quando se trata de material didático distribuído aos alunos, em cursos de educação a distância, é muito mais fácil comprovar o uso irregular de propriedade intelectual alheia.

Além desse aspecto, muitas vezes, a autoria do material didático é de caráter institucional, isso quer dizer que, embora o autor do material seja uma pessoa física, ela cedeu os direitos de autor a uma instituição. Com isso, se não observada as questões legais de autoria na produção desse material, essa instituição pode responder juridicamente por qualquer ilegalidade em relação à inobservância da legislação que regular essa questão.

Essa questão também está tipificada na Constituição Federal, ao assegurar aos autores o direito de fiscalização do aproveitamento econômico das obras que criarem ou das que participarem como coautores. Isso enfatiza a importância da observância dos aspectos legais na produção de material didático, nos termos aqui discutidos.

Cumpre esclarecer que coautor é um dos autores que participa da produção da obra. Não é considerado autor o revisor ou editor de um texto, por exemplo.

A Lei n. 9.610/98 classifica as obras protegidas por direito autoral como:

Tabela 1 – Classificação de obras de acordo com a Lei n. 9.610/98

Tipo de obra	Definição
Coautoria	Criada em comum por dois ou mais autores
Anônima	Quando não apresenta o nome do autor, por sua vontade ou por desconhecimento
Pseudônima	Quando o autor é conhecido por nome fictício
Inédita	Que não tenha sido publicada
Póstuma	Publicada após a morte do autor
Originária	Que não exista outra a respeito do seu conteúdo
Derivada	A que resulta de uma obra originária
Coletiva	A que é criada coletivamente e cuja responsabilidade é atribuída a pessoa física ou jurídica
Audiovisual	A que é produzida com imagens em movimento ou estáticas e com ou sem som
Fonograma	A que resulta da fixação de sons ou de sua interpretação
Editor	Pessoa física ou jurídica que detém o direito exclusivo de reproduzir e divulgar uma obra, nos limites do contrato editorial firmado
Produtor	Pessoa física ou jurídica responsável economicamente pela primeira fixação da obra, independentemente de suporte
Radiodifusão	Transmissão sem fio de sons ou imagens e sons simultâneos pela recepção do público
Artistas, intérpretes e executantes	Atores, cantores, músicos, atores, bailarinos ou qualquer pessoa que executem, em qualquer forma, qualquer tipo de obra

A partir do quadro acima, podemos perceber que a questão do áudio faz-se presente em vários tipos de obras e, portanto, é objeto de proteção da lei de direitos autorais sob análise.

Especificamente no artigo 7º, inciso II da referida lei, há menção expressa sobre obras intelectuais protegidas por essa legislação: as conferências, as alocuções, sermões e outras obras de mesma natureza.

Alocução refere-se a manifestações verbais de pequenos discursos. Alocução é sinônimo de fala, voz. Consequentemente, podemos entender que um áudio está relacionado à uma alocução e, portanto, é protegido pela lei de direitos autorais. Da mesma maneira, o áudio está contemplado pela legislação quando em seu artigo 7º, acima mencionado, o texto faz referência a *obras de mesma natureza*, o que significa que se refere a obras compostas por áudio.

O artigo 8º da referida Lei, porém, elenca obras que não são protegidas em relação à autoria e, portanto, não há qualquer restrição em publicar, comunicar e/ou reproduzi-las. Entre elas, destacamos: procedimentos normativos, formulários em branco para serem preenchidos, textos de tratados e convenções e quaisquer atos oficiais como leis, decretos, regulamentos e decisões judiciais e as informações de uso comum, como calendários, agendas e legendas.

*P*ARA SABER MAIS! **Clique aqui** e leia o artigo sobre direitos autorais que, inclusive, orienta como realizar o registro de sua obra.

Não há a necessidade de registro da obra em órgão público competente para que ela esteja protegida pela lei de direitos autorais, o que significa que seu registro é facultativo, voluntário.

Evidentemente, o registro facilita a localização do autor a fim de qualquer comunicado a respeito da obra, mas, como já afirmamos, não há obrigatoriedade de seu registro.

Sobre essa questão, em tempos de acessibilidade de editores de texto e de ferramentas profissionais que facilitam a editoração de livros digitais, por exemplo, é muito comum autores e editores, que se confundem na mesma pessoa, produzirem, editarem e publicarem livros digitais, disponibilizados na internet para amplo acesso do público. Todo esse processo ocorre sem qualquer intermediação de uma editora, juridicamente constituída e formalizada, nos moldes da editora que publicou esta obra que você está lendo.

Obras compostas por textos escritos ou oralizados, editadas e publicadas por empresas do ramo, são regidas pela Lei n. 10.753/2000, que deverão, obrigatoriamente, ser registradas no órgão competente.

*P*ARA SABER MAIS! **Clique aqui** para a leitura da legislação específica que trata sobre a publicação de livros no Brasil.

4. Exceções para reprodução de conteúdos sem violação de direitos autorais

A própria legislação em análise enumera casos considerados exceções em que se pode reproduzir direitos autorais sem violar a legislação que protege a autoria de obras diversas, incluindo obras de conteúdo composto por áudio ou outra forma de mídia.

Nesses casos elencados pelo artigo 46 da Lei n. 9.610/98, não há a necessidade de consulta prévia para utilização de material autoral protegido pela lei em vigor.

Apresentamos abaixo as situações mais relevantes associadas à temática discutida nesta disciplina, a produção de material didático para educação a distância.

1. Reprodução exclusiva para deficiente visual, sem caráter comercial, em sistema de leitura em braile ou outro meio adequado para tal fim não constitui infração aos direitos de autor. Lembramos que a legislação só contempla o deficiente visual, não há qualquer menção, por exemplo, aos deficientes auditivos ou outras formas de deficiência.

2. Reprodução de pequenos trechos, com indicação de autor e obra, sem intuito de lucro também não constitui infração legal. Nesse caso, a lei não especifica o que é um pequeno trecho. Em razão disso, aconselhamos a observância das normas da ABNT – Associação Brasileira de Normas Técnicas – em relação à citação direta (cópia literal), com indicação de autor, obra e página de onde foi retirada a cópia.

   Ainda sobre essa questão, a lei menciona que não constitui infração a citação de ideias em livros, jornais e revistas ou qualquer outro meio de comunicação, de passagens de qualquer obra, para fins de estudo, justificando seu fim. Isso também deve ser feito com indicação do autor e obra.

   É evidente que estamos nos referindo a pequenos trechos, passagens, de ideias constantes de alguma obra e não ao seu conteúdo integral, pois, caso isso aconteça, constitui ofensa aos direitos autorais.

3. Anotações de aulas realizadas pelos alunos não violam questões autorais, no caso, do professor, que proferiu o enunciado ou enunciados, objeto de anotações, desde que não seja para publicações, mas apenas para fins didáticos de estudo do conteúdo ministrado pelo docente.

4. Representação teatral ou musical, realizadas em estabelecimentos de ensino, sem caráter comercial, ou seja, sem cobrança de qualquer tipo de ingresso, também não representa infração aos direitos de autor.

Conforme afirma a **UNB** (2013), a legislação não permite a utilização de qualquer obra de forma irrestrita para fins de ensino.

Essas exceções podem servir de referência a questões autorais relacionadas a materiais didáticos para ensino a distância.

Entretanto, com base na redação do artigo 29 da referida lei, há situações em que é obrigatório o pedido de autorização prévia para reprodução de material protegido por direitos autorais, como reprodução parcial ou integral, edição, adaptação, tradução para qualquer idioma, inclusão em fonograma ou produção audiovisual, distribuição (quando não houver contrato entre autor e distribuidor para esse fim) e também distribuição por meio de radiodifusão ou televisiva para transmissão em qualquer veículo de comunicação.

*P*ARA SABER MAIS: *Para esclarecimentos sobre outras questões relacionadas ao direito autoral, recomendamos a leitura, na íntegra, da lei que dispõe sobre essa temática. Para isso, basta* **clicar aqui**.

Quem não cumprir essa legislação em vigor, está sujeito a sanções civis, de acordo com a redação dada ao Capítulo II, da lei n. 9.610/98, e criminais.

Essas restrições acima mencionadas, de acordo com a legislação, para obras audiovisuais e fotográficas, cessam em 70 anos, iniciando-se a contagem a partir de 1º de janeiro do ano seguinte de sua divulgação. Para livros, por exemplo, o prazo de restrição é de 70 anos após a morte de seu autor, contados a partir de 1º de janeiro do ano subsequente a sua morte.

*P*ARA SABER MAIS: *Para saber mais, recomendamos que você assista a 6 vídeos que compõem um curso sobre direito autoral, temática desenvolvida nesta unidade, disponibilizados pela TV Justiça, hospedados nos seguintes endereços:*
<https://www.youtube.com/watch?v=bVOAvvVFaMQ&list=PL8B8BB860F7E9CAF2&index=1>
<https://www.youtube.com/watch?v=PZlPUfuvRGY&index=2&list=PL8B8BB860F7E9CAF2>
<https://www.youtube.com/watch?v=-YsxKZRnUPQ&index=3&list=PL8B8BB860F7E9CAF2>
<https://www.youtube.com/watch?v=7jdiZ3hJpy4&index=4&list=PL8B8BB860F7E9CAF2>
<https://www.youtube.com/watch?v=KZiDDiro2C0&index=5&list=PL8B8BB860F7E9CAF2>
<https://www.youtube.com/watch?v=qwt2Kw-y1Mc&list=PL8B8BB860F7E9CAF2&index=6>

Por exemplo, um livro é publicado no ano de 2015 e, em 2035, o autor da obra falece. Se o autor deixar sucessores, eles gozarão de aspectos econômicos de sua obra durante 70 anos, o que cessará em 2105.

Podemos compreender, então, que não podemos transformar um texto escrito de autoria alheia em material de áudio para ensino a distância e divulgar esse material, considerando ainda os aspectos comerciais relacionados a tal fato.

Também não podemos inserir obra musical ou partes dela em material de áudio ou audiovisual. Ressaltamos o fato de que a elaboração de videoaula utiliza-se muito de material sonoro em suas introduções e finalizações. Esse material sonoro não pode ser cópia de obra sonora publicada. De maneira análoga, material composto por áudio também se utiliza dessas mesmas estratégias de abertura e encerramento.

Por essa razão, há a necessidade de desenvolver material inédito especificamente para atender a tais finalidades, ou seja, compor material didático sonoro e/ou audiovisual.

Na seção seguinte, abordaremos algumas estratégias de produção autoral de material didático para ensino a distância, composto de material sonoro.

5. Tratamento do som: produção autoral, edição e reprodução de áudio para composição de material didático para EaD

Diante de todos os aspectos legais analisados anteriormente, percebemos que há uma série de restrições para a produção de material didático.

Em razão disso, nesta seção, apresentaremos algumas sugestões que permitem produzir material didático composto por áudio, de forma autoral e sem ferir a legislação em vigor que regula direitos de autor, utilizando-se de um computador pessoal ou *notebook*.

Temos defendido nesta disciplina a importância de material didático produzido para mídias como áudio e vídeo, em razão da capacidade que esses tipos de linguagem possuem para desenvolver a concentração, atenção e imaginação do aluno. Além disso, esse material é bastante atrativo, quando produzido seguindo os princípios defendidos nesta disciplina, e também contempla questões pedagógicas, por permitir maneiras diferentes de aprender, considerada a nossa proposta de integração de mídias.

É provável que você já tenha feito uso de material didático composto de áudio em algum curso de língua estrangeira (inglês, espanhol, entre outras), que, em razão de ter como objetivo o desenvolvimento da oralidade do estudante, foca nessa ferramenta.

Em outros cursos, que não sejam de língua estrangeira, como no caso deste curso em que você está matriculado, o uso do áudio tem vários objetivos, entre outros, como os elencados abaixo:

Tabela 2 – Objetivos do uso de áudio em material didático para EaD

1. Explicar ao aluno alguma dúvida identificada por ele.
2. Explicar ao aluno algum procedimento para a realização de tarefa pedagógica.
3. Exemplificar algum aspecto prático abordado no guia de estudo.
4. Gravar uma seção ou a íntegra do guia de estudo.
5. Apresentar experiências de especialistas sobre uma temática específica.

O áudio pode ser classificado em dois tipos: aquele que é captado do mundo real e aquele que é produzido de forma sintética pelo computador. Por exemplo, você pode captar um áudio emitido por você, o de algum professor ou profissional de alguma área específica ou pode produzir um som com a utilização de algum equipamento eletrônico.

Primeiro, vamos focar na captação de áudio do mundo real.

Você pode utilizar essa estratégia manipulando um computador pessoal, *notebook* ou outro equipamento eletrônico que o permita. Vamos utilizar o computador como exemplo.

Na primeira etapa desse trabalho, você deve escolher um software que permite gravação e edição de áudio, considerando as questões de direito autoral de programas para computadores. Há inúmeros deles disponíveis na internet, muitos deles podem ser baixados gratuitamente. Vamos utilizar como exemplo o software Audacity, um programa de licença gratuita, disponível na internet.

*PARA SABER MAIS: Recomendamos um **clique aqui** e leia o tutorial do programa.*

Na segunda etapa, você precisa decidir o que e por que gravar.

Você pode optar por gravar uma explicação sobre alguma dúvida do aluno, por exemplo. Consideremos que a dúvida seja como inserir **hiperlinks** no *Word* para assuntos do mesmo documento e você precise dar instruções de como realizar essa tarefa.

Nesse estágio, recomendamos que você redija a instrução, em forma de diálogo, como se fosse uma conversa com o aluno. Essa estratégia contribui para áudios de maior qualidade, sem hesitações na fala, rupturas ou quebras de coesão e coerência. Além dessa abordagem, utilize vocabulário preciso, de modo que não gere nenhuma dúvida da ação a ser praticada. A estrutura do roteiro, basicamente, deve obedecer a três etapas: abertura (introdução), desenvolvimento (apresentação da temática objeto de ensino-aprendizagem) e encerramento.

Como estamos tratando de instrução, as etapas e cronologia das atividades precisam ser exatas, caso contrário, você pode não esclarecer a dúvida do aluno totalmente e, assim, não o ajudar na resolução do problema.

Veja abaixo o roteiro que apresentamos para a situação hipotética acima apresentada:

Quadro 2 – Roteiro para narração e gravação de áudio

Respondendo a sua dúvida – como inserir hiperlinks no Word para assuntos do mesmo documento, você precisa inserir indicador e hiperlink.

Faça o seguinte: Primeiro, vá até a palavra ou expressão para a qual você deseja criar uma referência, ou seja, a parte do texto em que você deseja criar conexão com outra parte do texto. Selecione a palavra ou expressão.

Em seguida, clique no menu inserir, localizado mais ou menos no centro da tela do Word, na parte superior, e clique em indicador. Quando uma tela se abrir, atribua um nome qualquer a esse indicador, por exemplo: número1. Clique em adicionar.

Agora, selecione a palavra ou expressão com a qual você deseja criar uma conexão com o indicador já criado. Uma nova tela vai se abrir. Repare na primeira coluna, localizada na parte esquerda da tela, em que aparecerão algumas opções para seleção. Clique na segunda opção, intitulada colocar neste documento. No centro da tela, aparecerá o indicador que você criou na primeira etapa, para o qual você atribuiu o nome de número1. Selecione-o e clique em ok.

Pronto, você já criou uma conexão entre duas partes do seu texto no Word.

Espero que tenha esclarecido sua dúvida.

Agora que seu roteiro já está pronto, você pode gravá-lo, utilizando um software de gravação de áudio. Como mencionamos anteriormente, utilizaremos como exemplo o software Audacity.

Consideraremos que você já tenha o programa instalado em seu computador pessoal ou *notebook* e que seus equipamentos disponham de caixas de som e microfone (interno ou não).

O manuseio desse programa é bastante simples e ele permite uma excelente qualidade de gravação, além de fornecer ótimas e simples ferramentas para edição. É importante que você tenha atendido a nossa sugestão de leitura do tutorial do programa.

Abra, então, o programa e observe que na parte superior, em uma linha horizontal, há diversos botões semelhantes aos de um aparelho de som, com funções de pausar, tocar, parar, retroceder, avançar e gravar.

Para a realização dessa atividade, é importante escolher um ambiente com uma acústica adequada e onde não haja ruídos excessivos, para não comprometer a qualidade de sua gravação.

Recomendamos que você ensaie o roteiro, pois isso evita trabalho extra. Ensaie até que se sinta seguro para realizar a gravação. Faça uma leitura do roteiro e considere os pontos a seguir:

- Respiração: se não controlada, ela pode causar ruídos desnecessários; além disso, é importante respirar corretamente para não comprometer a pronúncia.

- Pronúncia: é importante pronunciar corretamente as palavras, para que o ouvinte compreenda sem esforço o que você está dizendo.

- Tonalidade da voz: é importante que a narração seja feita em um volume que facilite a gravação.

- Pontuação: a leitura do roteiro deve ser feita respeitando a pontuação, caso contrário, pode dificultar a compreensão do conteúdo.

- Ritmo: a leitura deve ser feita em uma velocidade que não dificulte a compreensão, ou seja, não deve ser lenta demais ou rápida demais; imprima uma velocidade natural, consciente de que você está lendo para outra pessoa e não para você.

- Modulação de voz: é importante que haja inflexões na sua voz, que haja nuances e diferenças de pronúncia, que ela seja ascendente em determinada palavra ou expressão ou descendente em outras, para criar modulações diferentes, ênfases diferentes em partes do texto narrado.

Além disso, faça uma pesquisa de áudios profissionais gravados e busque referências. Escute, analise e perceba como esse material foi concebido, pois isso pode ajudar a criar um estilo de narração.

Durante a gravação, mantenha-se em postura correta para não comprometer a respiração e, consequentemente, a pronúncia das palavras. Evite distração de qualquer natureza como manusear papéis, entre outras. Prefira realizar a gravação quando estiver sozinho(a), pois você pode sentir-se intimidado(a) com a presença de alguém.

Consideradas essas orientações, vamos gravar a resposta para a dúvida hipotética do aluno.

Com o programa aberto, clique em gravar e inicie a narração do roteiro. Ao terminar, clique em parar. Pronto, o seu áudio já está gravado.

Após a gravação, o áudio foi editado para melhorar a sua qualidade. Utilizamos a ferramenta para redução de ruídos. Há várias outras disponíveis que permitem inserir efeitos na voz, recortar partes desnecessárias da gravação, entre outros efeitos.

Para utilizar a ferramenta de redução de ruídos, faça o seguinte:

1. Com o projeto já gravado, haverá uma linha horizontal na **timeline**. Selecione todo o projeto, clicando em cima dele, logo no início. Então, aparecerá uma mão. Segure e arraste com o *mouse* até o final da gravação, para que todo o projeto fique selecionado na cor azul.

*A*TENÇÃO: Timelime *é uma expressão em língua inglesa que significa linha do tempo e é parte integrante de um programa de computador em que é registrada a gravação de um arquivo de áudio.*

2. No menu horizontal superior, ao clicar em *efeitos*, aparecerá um menu vertical. Então, clique em **noise reduction** para abrir uma tela. Depois, clique em *obter perfil do ruído*.

*A*TENÇÃO: Noise reduction *é uma expressão em língua inglesa que significa redução de ruídos e é uma ferramenta de edição de áudio em um programa de computador.*

3. Clique novamente no menu *efeitos*, para abrir uma tela. Veja onde está escrito *passo 2*. Há dois campos numéricos que permitem alterações. Faça alterações sutis nos números padrões que aparecem e, em seguida, clique em *ok*.

4. Confira o resultado. Caso ainda não seja o resultado esperado, teste outros padrões numéricos até conseguir o resultado de redução de ruídos desejado.

Para inserir outros efeitos, os procedimentos são semelhantes aos anteriormente descritos.

Outra estratégia para produzir áudio autoral é identificar algum software que permite transformar texto em **voz sintetizada** pelo computador. Há inúmeros programas capacitados para essa atividade, entretanto, destacamos o Balabolka porque, além de ser gratuito, é muito eficiente, totalmente em português e fácil de ser utilizado.

PARA SABER MAIS: Recomendamos a leitura do tutorial do programa. Para isso, **clique aqui***.*

ATENÇÃO: Voz sintetizada é uma voz produzida por uma máquina, ou seja, é uma voz artificial, que busca semelhança com a voz humana.

Há duas maneiras de transformar um texto em áudio. Ressaltamos que você deve observar as questões de direitos autorais, sobre as quais já discutimos anteriormente. Por isso, o texto a ser transformado em áudio deve ser produzido por você, ou seja, deve ser um texto autoral.

Inicialmente, você deve elaborar seu texto e revisá-lo, para que não haja erros de digitação ou gramaticais. Verifique concordância, uso adequado de vocabulário, coesão e coerência e pontuação. Caso haja erros no texto, eles serão repetidos no áudio que você está produzindo.

A seguir, abra o programa e cole o texto produzido e revisado na área apropriada, disponibilizada pelo software. Você também pode abrir um arquivo de texto diretamente no programa, utilizando o menu *arquivo, abrir*. Então, selecione o texto, já armazenado no seu computador, que deseja transformar em áudio.

Feito isso, selecione todo o texto. Logo acima do espaço em que você colou o texto, há três recursos que permitem controlar a velocidade da leitura, a tonalidade e também o volume da voz. O programa apresenta uma formatação padrão, entretanto, você pode alterar essa formatação, de maneira que a gravação fique adequada aos seus ouvidos.

Observe que, na parte superior do programa, há um menu horizontal em forma de ícones. Então clique no ícone *ler em voz audível*. Para saber qual é o ícone adequado, basta pousar o cursor do *mouse* sobre eles e o programa vai informar o nome do recurso disponibilizado.

Para exemplificar, veja no quadro abaixo um trecho do texto autoral que foi produzido para esta disciplina e utilizado para transformá-lo em áudio.

Exemplo de texto para ser transformado em áudio sintetizado por computador

Outra estratégia para produzir áudio autoral é identificar algum software que permita transformar texto em voz sintetizada pelo computador. Há inúmeros programas capacitados para essa atividade, entretanto, destacamos o Balabolka porque, além de ser gratuito, é muito eficiente, totalmente em português e fácil de ser utilizado.

Há duas maneiras de transformar um texto em áudio. Ressaltamos que você deve observar as questões de direitos autorais, sobre as quais já discutimos anteriormente. Por isso, o texto a ser transformado em áudio deve ser produzido por você, ou seja, deve ser um texto autoral.

Inicialmente, você deve elaborar seu texto e revisá-lo, para que não haja erros de digitação e também gramaticais. Verifique concordância, uso adequado de vocabulário, coesão e coerência e pontuação. Caso haja erros no texto, eles serão repetidos no áudio que você está produzindo.

A seguir, abra o programa e cole o texto produzido e revisado na área apropriada, disponibilizada pelo software. Você também pode abrir um arquivo de texto diretamente no programa, utilizando o menu arquivo, abrir. Então, selecione o texto que deseja transformar em áudio, já armazenado no seu computador.

Feito isso, selecione todo o texto. Logo acima do espaço em que você colou o texto, verifique que há três recursos que permitem controlar a velocidade da leitura, a tonalidade e também o volume da voz. O programa apresenta uma formatação padrão, entretanto, você pode alterar essa formatação, de maneira que a gravação fique adequada aos ouvidos.

Observe a parte superior do programa, onde há um menu horizontal em forma de ícones. Então clique no ícone ler em voz audível. Para saber qual é o ícone adequado, basta pousar o cursor do mouse sobre eles e o programa vai informar o nome do recurso disponibilizado.

Feito isso, clique no menu *arquivo*. Em seguida, clique em *salvar como arquivo de áudio*. Selecione o local em que deseja salvar o arquivo, atribua um nome a ele e então clique em *ok*. Pronto, seu arquivo de áudio já pode ser disponibilizado para o seu público.

O texto deve ser narrado observando todos os sinais de pontuação. Por isso, enfatizamos a necessidade de uma revisão criteriosa, inclusive em relação à pontuação. A velocidade da narração no áudio também é importante. Ela não pode ser rápida demais, tampouco lenta demais, considerando que esse fator influencia na recepção do texto falado.

Você pode utilizar essas estratégias para transformar em áudio textos explicativos para seus alunos, transformar textos didáticos em audiolivro, entre tantas outras possibilidades. Agora é com você!

Nesta unidade, discutimos questões relacionadas à autoria em multimídia e também apresentamos algumas alternativas para que você elabore material didático em áudio, com a utilização do computador.

Apresentamos duas estratégias, uma em que você utiliza sua voz para narração e gravação em formato de áudio e outra em que você utiliza o computador para narrar, de forma mecanizada, um texto de sua autoria.

Em resumo, apresentamos possibilidades de trabalho com o som, seja gravando, seja editando ou reproduzindo arquivos em formato de áudio com a utilização de um computador pessoal ou *notebook*.

Com isso, esperamos que você seja capaz de agregar essas habilidades e competências a sua formação profissional, especificamente em relação à metodologia de ensino a distância, baseada na produção de material didático em áudio.

Glossário – Unidade 3

Alocução: refere-se às manifestações verbais de pequenos discursos; é sinônimo de fala, voz.

Autor: qualquer pessoa física que cria uma obra literária, artística ou científica.

Autor de material didático: profissional que cria, adapta e traduz texto, áudio, vídeo, apresentações em *PowerPoint*, entre tantos outros materiais utilizados em cursos de educação a distância.

Download: ato de transferir (baixar) um ou mais arquivos de um servidor remoto para um computador local.

Hiperlink: sinônimo de *link*, *hiperlink* consiste em um *link* que vai de uma página da *web* ou arquivo para outro(a). O ponto de partida para os *links*, é denominado *hiperlink*.

Noise reduction: expressão em língua inglesa que significa redução de ruídos; trata-se de uma ferramenta de edição de áudio em um programa de computador.

Produção científica, literária ou artística: para fins de direitos autorais, entendemos aquelas que se realizam por meio de livros (físicos ou eletrônicos), artigos científicos, romances, obras de arte, filmes, material audiovisual, músicas, fotografias, animações, entre tantas outras.

Propriedade: controle, regulamento jurídico sobre bens econômicos tangíveis ou não.

Timelime: expressão em língua inglesa que significa linha do tempo e é parte integrante de um programa de computador em que é registrada a gravação de um arquivo de áudio.

Voz sintetizada: voz produzida por uma máquina, ou seja, é uma voz artificial, que busca semelhança com a voz humana.

UNIDADE 4
TRATAMENTO DE IMAGEM PARA MATERIAL DIDÁTICO EM EaD

Capítulo 1 Apresentação, 68

Capítulo 2 Gravação e edição de vídeo autoral para EaD, 68

Capítulo 3 Pré-produção de vídeo, 70

Capítulo 4 Produção do vídeo, 71

Capítulo 5 Pós-produção do vídeo (edição), 74

Capítulo 6 Gravação e edição de vídeo tutorial para EaD, 75

Capítulo 7 Pré-produção do vídeo, 76

Capítulo 8 Produção do vídeo, 77

Capítulo 9 Pós-produção do vídeo (edição), 79

Capítulo 10 Produção de animação para EaD, 81

Capítulo 11 Utilização de imagens estáticas em EaD, 86

Capítulo 12 Elaboração e consolidação dos itens necessários para a composição de pré-roteiros e roteiros de materiais didáticos para EaD, 87

Glossário, 89

Referências, 90

1. Apresentação

Temos defendido ao longo desta disciplina a importância e relevância da produção de material didático para EaD na abordagem multimídia, em razão do papel que esses materiais desempenham no ensino-aprendizagem, considerando sua integração com um guia de estudo que apresente todo o conteúdo do curso de forma lógica e estruturada.

O vídeo é um instrumento poderoso para atrair e manter atenção e também para transmitir impressões, conforme declaram Moore & Kearsley (2007), pois tem facilidade para demonstrar sequências de ações, entre outras estratégias.

Na Unidade 3, apresentamos e discutimos a legislação brasileira que dispõe sobre direitos autorais, relacionando-os com a autoria em multimídia. Naquela ocasião, abordamos especificamente estratégias teórico-práticas para produzir material didático composto por áudio.

Para encerrar este curso, propomos apresentar nesta unidade questões relacionadas ao uso de imagens em suas diferentes modalidades (em movimento, captadas do mundo real ou produzidas de forma sintética, e estáticas, captadas do mundo real ou produzidas mecanicamente por algum equipamento tecnológico) com orientações teórico-práticas para você produzir vídeos autorais para compor material didático para ensino a distância.

Nesse percurso, orientaremos como gravar, editar, armazenar e reproduzir vídeos autorais para EaD, considerando videoaula, vídeo tutorial, animação e também a utilização de imagens estáticas, a partir da utilização de um computador pessoal ou *notebook*.

2. Gravação e edição de vídeo autoral para EaD

O vídeo em EaD pode ser utilizado para atender a diversos objetivos e estratégias didáticas e materializar-se na gravação de videoaula, palestra, tutorial, gravação de aula presencial, entre tantas outras possibilidades.

Além disso, consideramos também a tendência da abordagem e-learning em EaD e a popularização de vídeos educativos disponibilizados on-line no *YouTube* ou em outros ambientes virtuais, seja por instituições de ensino, seja por pessoas interessadas em instrução a distância.

Como abordamos na Unidade 1, e-learning refere-se ao uso de meios eletrônicos e tecnológicos para a aprendizagem e a educação a distância pode ou não fazer uso desses recursos, embora seja tendência atual o uso dessas estratégias para oferecimento de cursos em EaD.

*A*TENÇÃO: Recomendamos, neste momento, que você leia novamente o item 4, que trata de videoaula, da Unidade 2, para facilitar a aprendizagem das questões que estão sendo abordadas nesta seção.

Abordamos, também, na Unidade 2 desta disciplina, questões teóricas relacionadas a pré-requisitos para a produção de uma videoaula, destacando alguns desafios a serem superados nesse trabalho.

A partir de agora, relacionaremos essas questões teóricas já tratadas com orientações práticas e técnicas para que você produza vídeos de qualidade mínima.

Para conceituar **vídeo**, consideramos suas características e formatos em relação ao seu conteúdo e estética.

Constitui-se por sua integração e diálogo entre linguagens diferentes, de maneira que as imagens interagem em movimento (podendo também ser composto por imagens estáticas), linguagem falada e escrita, que envolve personagens, cenários, cores, luzes (MORAN, 1995). Ele articula linguagens de cinema, teatro, literatura, rádio, computação gráfica, entre outras.

Diante disso, um vídeo pode **materializar-se** no formato de um videoclipe, um documentário, um filme (de animação ou não), um registro pessoal ou mesmo assumir o formato de uma aula.

Essas imagens, características do vídeo, podem ser capturadas do mundo real ou produzidas de forma mecanizada, sintetizada, por algum equipamento tecnológico como o computador pessoal ou o *notebook*.

Os vídeos podem ser armazenados e distribuídos em CD, DVD, *Blu-ray*, em algum dispositivo eletrônico, como computador pessoal, *notebook*, *tablet*s, *smartphones*, on-line ou até mesmo em **AVEA** (ambientes virtuais de ensino-aprendizagem), entre outros.

A reprodução desses materiais pode ser feita por meio de aparelhos de DVDs, TVs, *tablet*s, *smartphones* ou computadores.

Em caso do uso de *tablet*s, *smartphones* e computadores para sua reprodução, há a necessidade de algum software que reproduza arquivos em formato de vídeo como o *Windows Media Player*, um dos programas mais comuns para essa finalidade, desenvolvido para sistema *Windows*. É importante conhecer o sistema operacional do equipamento para, então, encontrar um software que seja compatível com ele.

A elaboração de material didático em forma de vídeo, basicamente, considera três fases: pré-produção, produção e pós-produção.

A pré-produção refere-se a orçamentos, elaboração de roteiros, planejamento das gravações, construção de cenários, escolha dos profissionais que atuarão no vídeo, entre outras questões.

A produção refere-se à execução de todas as ações necessárias para a gravação do vídeo.

A pós-produção refere-se à edição, cortes e inserção de imagens e áudio, inserção de trilha sonora, animação, entre outros aspectos.

3. Pré-produção de vídeo

As instruções a seguir foram pensadas para que você mesmo elabore seu vídeo, atuando como professor, produtor e editor, sem a necessidade de elaborar orçamentos, apenas usando seu computador e uma câmera de vídeo, ou um *tablet* ou *smartphone*.

Definindo o objetivo

Deve-se identificar um objetivo didático para ser apresentado no seu vídeo. Para ilustrar, produzimos um vídeo para esta disciplina, cujo objetivo é apresentar ao aluno a Unidade 4 em estudo, Tratamento de Imagem para Material Didático em EaD.

Elaborando o roteiro

É necessário elaborar um texto-roteiro do que se pretende apresentar no vídeo. Elaboramos um texto (roteiro) para ser lido pelo apresentador do vídeo considerando os princípios apresentados na Unidade 2. Embora seja um texto escrito, ele deve preservar as características do diálogo, do texto falado.

Veja, abaixo, o roteiro.

Quadro 3 – Exemplo de roteiro para produção de vídeo para EaD

Sejam bem-vindos à Disciplina Multimídia na EaD.

Nesta última unidade de nosso curso, abordaremos aspectos relacionados ao tratamento de imagem para material didático em EaD.

Temos defendido, ao longo desta disciplina, a importância e relevância da produção de material didático para EaD na abordagem multimídia, considerando sua integração com um guia de estudo que apresente todo o conteúdo do curso de forma lógica e estruturada.

O vídeo é um instrumento poderoso para atrair e manter atenção e também, por exemplo, para transmitir impressões, pois tem facilidade para demonstrar sequências de ações.

Na Unidade 3, apresentamos e discutimos a legislação brasileira que dispõe sobre direitos autorais, relacionando-os com a autoria em multimídia. Naquela ocasião, abordamos especificamente estratégias teórico-práticas para produzir material didático composto por áudio.

Para encerrar este curso, propomos apresentar nesta unidade questões relacionadas ao uso de imagens em suas diferentes modalidades (em movimento e estáticas) com orientações teórico-práticas para você produzir vídeos autorais para compor material didático para ensino a distância.

Nesse percurso, orientaremos como gravar, editar, armazenar e reproduzir vídeos autorais para EaD, considerando a videoaula, vídeo tutorial, animação e também a utilização de imagens estáticas, a partir da utilização de um computador pessoal ou notebook.

Ao final do estudo da unidade, esperamos que você seja capaz de planejar e produzir vídeos para compor material didático para educação a distância.

Então, bons estudos.

ATENÇÃO: Recomendamos uma revisão minuciosa do texto para que possíveis erros não sejam reproduzidos na narração a ser gravada para o vídeo.

É importante identificar um cenário adequado, sem excesso de informações. Recomendamos que você atue atrás de uma mesa ou bancada, com fundo branco ou com uma biblioteca ao fundo, sentado em um sofá, em frente à lousa, na frente de uma parede branca, entre outras possibilidades.

Quanto às vestimentas, recomendamos que use cores neutras para não chamar muita atenção, afinal, o foco é o conteúdo de estudo. Entretanto, não significa que você não precisa se preocupar em apresentar-se bem.

Como a proposta não é utilizar estúdios, recomendamos que a gravação do vídeo seja feita em horários de pouca movimentação, tanto interna quanto externamente, pois isso atrapalha a captação do áudio.

4. Produção do vídeo

Para produzir o vídeo do projeto apresentado anteriormente, usaremos o programa *Movie Maker*, elaborado para sistemas *Windows*. Esse programa, geralmente, compõe o pacote *Office* do *Windows* e está instalado na grande maioria de computadores pessoais e *notebooks* ou pode ser baixado gratuitamente pela internet.

O programa oferece ferramentas poderosas para a elaboração da sua videoaula. Ele permite que você capture o vídeo, por meio de uma *webcam*, ou que você insira um vídeo gravado por outro equipamento e armazenado no seu computador pessoal. Permite ainda a inserção de imagens estáticas, inserção e edição de títulos e legendas explicativas e também arquivos de áudio.

Para a gravação do nosso roteiro, utilizamos um *tablet* com um software de vídeo **teleprompter**, chamado *Over2You* (esse programa é desenvolvido para o sistema iOS, da *Apple*, e é gratuito, mas há muitos outros similares inclusive compatíveis com outros sistemas operacionais. Recomendamos uma pesquisa a respeito desse tipo de programa e que seja adequado para o seu equipamento.

> *P**ARA SABER MAIS**: Teleprompter é um equipamento acoplado a uma câmera de vídeo que exibe o texto a ser lido pelo apresentador. Atualmente, muitos equipamentos já possuem vídeo e teleponto juntos, de maneira bem simples. O sistema usado no tablet para gravação do nosso vídeo conjuga teleponto e câmera de vídeo.*

O programa de vídeo *teleprompter* usado permite a captura de imagem e vídeo. Concluída a gravação do nosso vídeo, ele foi armazenado em um *notebook*.

> *P**ARA SABER MAIS**:* Creative commons attribution *são conteúdos autorais produzidos e disponibilizados para facilitar a utilização desse material por terceiros, de acordo com condições claras estipuladas pelo autor da obra. Recomendamos uma pesquisa a esse respeito nos seguintes sites:*
> *www.soundbible.com*
> *www.freesound.org*
> *www.audiomicro.com*

Clique aqui e assista ao vídeo que elaboramos para exemplificar essas estratégias mencionadas.

A composição do vídeo apresentado considerou os seguintes aspectos:

I) **Introdução**: nomes da Disciplina e da Unidade de Estudo.

Para isso, clique no menu *início* e, em seguida, no ícone *título*. Então, basta inserir as informações textuais desejadas. As ferramentas disponibilizadas para isso são semelhantes àquelas que você está acostumado(a) a manusear no *Word*.

II) **Trilha sonora**: arquivo de áudio (*creative commons attribution*).

Como discutimos na unidade anterior, você não pode utilizar arquivos de áudio protegidos por direitos autorais em seus vídeos.

A trilha sonora incluída na introdução do vídeo apresentado foi retirada do site **<www.soundbible.com>**, que disponibiliza arquivos de áudio de forma gratuita para *download*, muitos deles de domínio público, ou arquivos autorais que são enviados para o site e disponibilizados por ele, entretanto, são arquivos públicos que podem ser utilizados para fins comerciais, desde que sejam evidenciados os créditos de autoria. Esses arquivos são chamados de **creative commons attribution**. Há diversos sites que oferecer esse tipo de arquivo, de licença jurídica gratuita.

Para inserir a trilha sonora, clique no ponto exato onde você quer inserir a música (no caso do vídeo apresentado, ela foi inserida no início do vídeo). A música precisa ter a duração exata das informações textuais que você acrescentou. Agora, clique no ícone *adicionar uma música* e indique onde ela está Depois, clique em *ok*.

A trilha sonora foi sincronizada com a introdução do vídeo. Para isso, na linha do tempo do seu projeto, clique em cima do arquivo que contém as informações textuais e verifique a sua duração; em seguida, clique em cima do arquivo de áudio e faça a mesma verificação. Depois, clique na guia *editar* e ajuste o tempo de duração dos dois arquivos mencionados para que tenham o tempo exato. Assim, eles ficam sincronizados.

III) Conteúdo: arquivo de vídeo gravado com o auxílio de um *tablet*.

A escolha do *tablet* para gravação do vídeo refere-se ao fato de a *webcam* possuir uma resolução muito baixa e isso prejudica a qualidade da imagem do vídeo. Você pode utilizar outros equipamentos para a gravação de seu vídeo, além do *tablet*. Entretanto, você pode também usar sua *webcam*, gravando algo informalmente para verificar a qualidade da imagem capturada pelo seu computador.

O conteúdo do vídeo refere-se àquele apresentado no roteiro do quadro1 (item em que abordamos a pré-produção do vídeo).

Depois de gravado o vídeo com o auxílio do *tablet*, ele foi inserido no projeto em desenvolvimento pelo *Movie Maker*. Para isso, com o software aberto, selecione na linha do tempo o lugar exato onde ele deve ser inserido e, em seguida, clique no menu *início* e depois clique no ícone *adicionar vídeos e fotos*. Indique o local onde o vídeo que foi gravado está armazenado e, então, clique em *ok*. Pronto, o vídeo já foi inserido na linha do tempo do seu projeto.

IV) Finalização: informações textuais a respeito do vídeo e créditos de autoria.

Inserimos informações referentes à instituição que oferece o curso que você está realizando, assim como o nome desse curso, o nome do apresentador do vídeo e, também, apresentamos os créditos pela autoria da trilha sonora utilizada no vídeo.

Para inserir essas informações usando o *Movie Maker* é fácil. Clique na linha do tempo no ponto exato em que termina o vídeo. Clique no menu *início* e depois no ícone *créditos*. Você inseriu uma tela preta. No canto superior esquerdo, há uma tela de visualização do seu projeto. Clique dentro dela. Agora, você tem permissão para inserir as informações textuais que deseja e também organizá--las conforme sua intenção.

V) Trilha sonora: áudio sincronizado com os créditos do vídeo.

O uso da trilha sonora na etapa final do vídeo atendeu aos mesmos requisitos legais e de inserção, apresentados na **trilha sonora** incluída na introdução do vídeo, abordada anteriormente.

A TENÇÃO: Clique no hiperlink *em destaque e volte à parte desta seção que tratou de inserção de trilha sonora, na Introdução do vídeo, e leia novamente os procedimentos lá apresentados.*

5. Pós-produção do vídeo (edição)

O programa utilizado para a elaboração do vídeo apresentado oferece vários recursos para pós-produção do material produzido, com elementos de edição de imagens e textos para melhorar a qualidade do vídeo.

Para o projeto apresentado, foram utilizados os seguintes recursos de edição.

Definindo o objetivo

Você tem a possibilidade de alterar a cor do plano de fundo do título do seu vídeo, assim como o tipo, a cor e o tamanho da fonte. Para o projeto apresentado, alteramos a cor do plano de fundo de preto para azul e também ajustamos o tamanho, o tipo e a cor da fonte. Para isso, dê dois cliques em cima da parte correspondente ao título, na linha do tempo do seu projeto, e então aparecerá o ícone *plano de fundo*. Selecione a cor desejada. Pronto, você alterou a cor do plano de fundo.

Para editar informações textuais, basta você clicar no espaço de visualização do projeto em andamento e, então, você poderá realizar os ajustes desejados. Nessa etapa, você também pode inserir efeitos para a introdução do seu vídeo, pois há vários disponíveis. No nosso projeto, utilizamos o efeito cinematográfico. Para isso, clique em cima do vídeo, na parte que corresponde à Introdução, na linha do tempo. Em seguida clique no menu *animação*. Navegue por essa guia, pousando o cursor do *mouse* sobre o efeito e, então, ele lhe informará o nome do efeito e também uma visualização prévia. Para selecionar o efeito desejado, clique em cima do efeito escolhido. Pronto, sua edição está completa.

Imagem do vídeo

Você tem a possibilidade de editar o brilho da imagem. No projeto apresentado, ajustamos o brilho para melhorar a iluminação do apresentador. Também é possível aplicar algum filtro de efeito para a imagem. Há vários efeitos a sua disposição. Para editar o brilho e aplicar efeito à imagem, clique em cima de qualquer parte do vídeo, na linha do tempo. Agora clique no menu *efeitos visuais*. Você encontrará um ícone para ajustar o brilho e também encontrará vários efeitos. Basta direcionar o cursor do *mouse* sobre cada um deles para ter uma visualização prévia do efeito. Quando identificar o desejado, clique em cima dele. Você ainda tem a opção de aplicar esses efeitos em todo o vídeo ou a apenas em uma ou algumas cenas.

Créditos de autoria

Para essa parte do vídeo, também há a possibilidade de alterar a cor do plano de fundo, conforme orientamos em relação ao aspecto do Título, tratado anteriormente nesta seção. No nosso projeto, decidimos manter a cor do plano de fundo preto com letras brancas.

Você também tem a possibilidade de alterar o tamanho e a cor da fonte. Para editar esses aspectos do vídeo, vá até a linha do tempo e clique sobre a parte correspondente. Então, do lado esquerdo, onde você visualiza seu projeto, dê um clique. As informações estarão acessíveis para a edição.

Nessa etapa, você também tem a opção de editar no modo de visualização dos créditos. Para isso, pouse o cursor do mouse sobre o efeito disponível para ter uma visualização prévia do efeito. Quando identificar o mais apropriado para o seu projeto, clique sobre ele. No nosso projeto, utilizamos o efeito *rolar*.

6. Gravação e edição de vídeo tutorial para EaD

Vídeo tutorial ou **captura de tela** é uma modalidade de vídeo em que é possível demonstrar ações realizadas na tela de um computador associadas à narração dessas ações.

O uso dessa modalidade de vídeo atende a objetivos como demonstrar navegação em sites de internet, utilização de softwares, entre outras estratégias.

Entre os aspectos positivos dessa estratégia, destacamos a combinação do vídeo, que permite a visualização do percurso e os tipos de ações que se realiza,

e também do áudio, que auxilia na explicação das ações, esclarece dificuldades e desafios de uso, entre outras questões.

Em EaD, esse tipo de vídeo poderia ser utilizado, além das situações acima mencionadas, para demonstrar como os alunos devem utilizar o AVEA para preparar arquivos no *PowerPoint*, entre outras possibilidades.

Para produzir um vídeo tutorial utilizando um computador pessoal ou *notebook*, é preciso recorrer a um software que permite capturar a tela do computador e ao mesmo tempo gravar áudio simultâneo.

Há vários programas desses que podem ser adquiridos via internet, alguns deles oferecidos com licença gratuita para uso.

Para elaborar nosso vídeo tutorial modelo, utilizamos o software Camtasia Studio.

PARA SABER MAIS: **Clique aqui** e leia o tutorial completo sobre o Camtasia Studio.

7. Pré-produção do vídeo

Objetivo do vídeo

O primeiro passo para a gravação de um tutorial é definir o objetivo do vídeo, algo como *o que você quer ensinar?*

No nosso exemplo, nosso objetivo foi demonstrar como pesquisar, no site de uma editora, material didático relacionado à educação a distância. Esse objetivo foi escolhido apenas para demonstrar ações de pesquisa que são realizados em um site específico, indicando os locais de busca por informações que atendam ao nosso objetivo. Veja que nosso objetivo foi bem específico. Considere essa estratégia para elaborar o objetivo do seu vídeo.

Clique aqui e assista ao vídeo modelo que elaboramos para ilustrar as estratégias a seguir apresentadas.

Então, apresentamos a seguir as estratégias utilizadas para a produção e edição desse vídeo tutorial.

Roteiro

A partir da identificação do objetivo, recomendamos a criação de um roteiro. É importante a roteirização para a gravação desse tipo de vídeo, para chegar direto ao ponto que se deseja ensinar.

Também orientamos que você ensaie bastante e tenha certeza do percurso que deverá seguir para o que deseja ensinar. Não é recomendável que você "treine" durante o vídeo, pois isso compromete a qualidade dele.

Quadro 4 – Exemplo de roteiro para produção de vídeo tutorial para EaD

Sejam bem-vindos a nossa aula sobre gravação e edição de vídeo tutorial.

O objetivo desta aula é demonstrar como pesquisar, no site da Editora Cengage, material didático relacionado à educação a distância.

Vamos, então, aos procedimentos:

1. Acessando o site

2. Soluções de aprendizagem

3. Universitários

4. Disciplinas educação

5. Índice de publicações obra: tutoria e interação em Educação a Distância

6. Visualização

Como vocês puderam perceber, é tudo bem simples e intuitivo.

Esperamos que tenham aprendido como navegar no site da Editora Cengage.

Vamos pesquisar outros títulos?

Mãos à obra e até a próxima aula.

---

8. Produção do vídeo

Chegamos, então, à fase de gravação do vídeo, como mencionamos, utilizando o software *Camtasia studio*.

Para gravar o vídeo, executamos o roteiro elaborado, acima apresentado.

Para isso, abra o programa *Camtasia*. Logo abaixo do menu *File*, há um ícone chamado *record to screen*. Clique nele e, então, será aberta outra tela. Nessa tela, há um botão vermelho escrito *rec*. Clique nele e comece a manusear o seu computador por meio do *mouse* e explicar suas ações, pois a gravação já estará em andamento. Para finalizar, basta apertar a tecla *parar*.

Nosso vídeo contemplou as estratégias seguir.

Introdução

Nessa parte do vídeo, inserimos um arquivo fornecido pelo próprio sistema e nele informamos o nome da disciplina do curso e o título da unidade em estudo.

Para isso, vá até a linha do tempo do seu projeto e, então, arraste o indicador de conteúdo para o início (é uma linha vertical, com dois marcadores – um verde e outro vermelho – um de cada lado). Agora, clique no menu *Library* (biblioteca). Navegue nele até você encontrar pastas intituladas *Theme* (tema). Há várias delas. Dê dois cliques na pasta escolhida para que sejam disponibilizados vários modelos de arquivos que podem ser inseridos no seu projeto de vídeo. Faça vários testes até encontrar uma que atenda a sua necessidade. Quando encontrada, clique em cima dela com o botão do lado direito do *mouse* e, em seguida, *add to timeline at playhead* (adicionar à linha do tempo no local indicado).

Pronto, já foi inserido o arquivo no seu projeto. Agora você precisa inserir as informações textuais. Repare que no arquivo inserido há um espaço apropriado para texto. Dê dois cliques em cima dele e, a sua esquerda, abrirá uma tela para você fornecer as informações textuais e editar cor, tipo e tamanho da fonte, além de inserir negrito, itálico ou sublinhado. Você também pode escolher por alinhar à esquerda, à direita ou centralizar as informações.

A Introdução do vídeo já está pronta.

Conteúdo

A gravação do conteúdo do vídeo obedeceu ao roteiro já mencionado anteriormente e disponibilizado nesta seção.

Quando você apertar a tecla *rec* do sistema, ele começa a gravar ininterruptamente até que você termine todas as demonstrações que deseja e, depois, clique na tecla *parar*.

Encerramento

Quando encerramos as gravações do nosso vídeo tutorial apresentado, inserimos um arquivo do sistema para fornecer informações adicionais relacionadas à produção do vídeo. Para inserir esse arquivo, repita o mesmo percurso orientado para a elaboração da introdução, pois as ações são as mesmas. Nessa etapa, basta você fornecer as informações textuais adequadas. No nosso vídeo, fornecemos informações relacionadas à autoria e à trilha sonora incluída (trataremos dela na próxima seção, sobre pós-produção de vídeo).

9. Pós-produção do vídeo (edição)

O programa utilizado para a elaboração do vídeo tutorial apresentado oferece vários recursos para edição do material produzido, com elementos de edição de imagens, áudio e textos para melhorar a qualidade do vídeo.

Para o vídeo tutorial apresentado, foram utilizados os recursos de edição a seguir.

Introdução

As informações textuais inseridas na Introdução do vídeo, para facilitar a produção, foram editadas no momento da produção. Como mencionamos, há possibilidades de edição de cor, tamanho e tipo da fonte, assim como utilização de recursos como negrito, itálico ou sublinhado e alinhamento do texto. Tudo isso é bastante simples de manusear, considerando que esses recursos são muito similares aos oferecidos por editores de texto, como o *Word*, por exemplo.

Conteúdo

Na edição do conteúdo, primeiro reduzimos o ruído do áudio. Isso é muito simples, basta clicar em cima do projeto na *timeline* (linha do tempo) e, em seguida, clicar no ícone áudio (ele está localizado logo acima da linha do tempo). Aparecerá, logo acima do ícone onde você clicou, uma tela. Haverá um ícone, com a opção marcar, com o nome de *enable noise removal* (permitir remoção de ruído). Selecione, então, essa opção para remover ruídos indesejados do seu vídeo e, assim, melhorar a qualidade do áudio do seu trabalho.

Outra estratégia utilizada foi a inserção de *box* com informações de legenda, com o objetivo da aula e da ação que está sendo demonstrada no vídeo.

Para isso, aperte a tecla *play* do seu projeto. Quando chegar ao ponto onde deseja inserir um *box* com legendas, aperte a tecla *pause*. Observe que, logo acima da linha do tempo, onde está seu projeto, há um ícone chamado *Callouts* (*box* informativo). Clique nele. Uma tela será aberta no canto superior esquerdo. Lá, há várias opções de modelos a serem inseridos. Selecione o que atende a sua necessidade. Em seguida, logo abaixo, insira o texto da sua legenda e, por fim, a informação textual que você quer inserir em um ponto do seu vídeo. Nessa mesma tela, há possibilidade de alterar cor da fonte e do plano de fundo da legenda. Você pode arrastar o *box* para o lugar mais adequado, assim como definir o tamanho do *box*. Quando estiver tudo editado, no canto superior esquerdo dessa mesma tela, háverá um ícone chamado *Add callout*. Clique nele e, então, você visualizará o *box* informativo já no seu vídeo.

Outro recurso de edição utilizado em nosso vídeo tutorial refere-se a setas indicativas e marcadores de local, pois isso facilita a visualização dos locais a serem clicados (já que nosso vídeo tem como objetivo mostrar como navegar em um *site* específico).

A utilização desse recurso no *Camtasia studio* é semelhante ao recurso de inserção de *box* explicativo. Para isso, aperte a tecla *play* e assista ao seu vídeo. Quando chegar ao ponto onde você deseja inserir uma seta indicativa, aperte a tecla *pause*. Então, clique no ícone *Callouts* e escolha a seta adequada a ser inserida. Você poderá arrastá-la para o local desejado no seu vídeo, mudar a direção, tudo isso manuseando o *mouse* do computador. Você também poderá alterar a cor do plano de fundo, da borda e também inserir efeitos em 3D.

Há alternativas de edição, por isso, recomendamos que você navegue pelo programa e exercite a sua curiosidade e criatividade.

Encerramento

Já mencionamos que, na finalização do nosso vídeo, inserimos informações a respeito da autoria da obra. Essas informações devem ser editadas no momento da produção, para facilitar. O sistema permite edição da cor, tamanho e tipo da fonte, edição de negrito, itálico ou sublinhado e alinhamento do texto.

Além dessas edições realizadas, utilizamos uma trilha sonora sincronizada com as informações textuais.

O próprio sistema oferece músicas para você utilizar em seus projetos, sem ter problemas com direitos autorais.

Para isso, vá até a linha do tempo do seu projeto, no local exato onde deseja inserir uma música e então clique em *Library* (biblioteca). Pesquise no menu *music* (música). Repare no tamanho das músicas. Você deve escolher uma música adequada com o tempo de duração das informações que você deseja sincronizar com ela. Quando identificar uma música adequada, clique em cima dela com o botão direito do mouse e então clique em *Add to Timeline at Playhead* (adicionar à linha do tempo no ponto indicado). Pronto, a música já está inserida. Observe que, na linha do tempo, é inserido um arquivo. Para reduzir o tamanho da música, em caso de necessidade, basta pousar o *mouse* no final da borda do arquivo e arrastar vagarosamente para à esquerda.

Com o vídeo finalizado, é o momento de salvá-lo e compartilhá-lo em alguma mídia social. Localize o menu *Produce and share* (produzir e compartilhar) e, então, clique na seta indicadora apontada para a vertical, localizada bem ao lado desse ícone. Clique novamente em *Produce and share*. Abrirá uma tela para você indicar o caminho a ser seguido. Selecione o caminho desejado, forneça as informações como título, descrição do conteúdo do seu vídeo, palavras-chave, categoria e o tipo de privacidade desejada (público ou privado) e siga as instruções que serão fornecidas pelo próprio sistema. Pronto. Seu vídeo já está na rede e pode ser acessado e compartilhado por seus alunos!

Essas foram as estratégias utilizadas para a elaboração do vídeo tutorial modelo apresentado. Você pode seguir essas instruções para elaborar os seus vídeos.

10. Produção de animação para EaD

Animações estáticas ou em movimento são excelentes ferramentas para o ensino-aprendizagem presencial e têm se mostrado eficientes também em educação a distância, pelo fato de proporcionar aprendizado em forma de entretenimento.

Há vários tipos de animação que podem ser utilizados na educação. Destacamos as histórias em quadrinhos (HQ) e os vídeos animados.

História em quadrinho (HQ) é uma sequência de informações disponibilizadas em quadros e que conjuga linguagem composta de texto e imagem, utilizada para narrar uma história por meio de personagens; é uma forma de arte usada para narrar histórias dos mais variados gêneros e estilos.

Na educação, histórias em quadrinhos têm sido uma ferramenta poderosa por motivar, ensinar e, ao mesmo tempo, proporcionar entretenimento. Sua linguagem de fácil compreensão, interativa, em forma de diálogos colabora para esse papel.

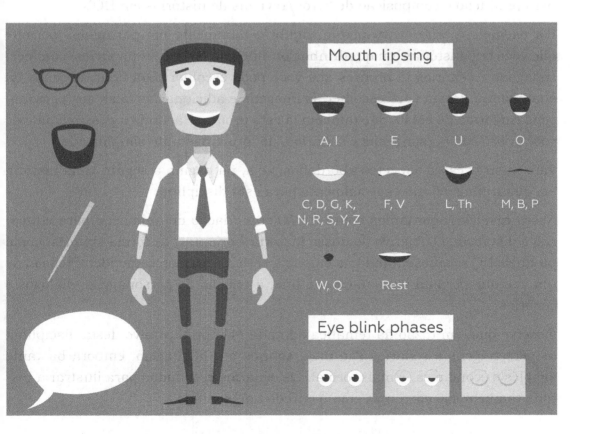

Para uso em EaD, as HQ's precisam ser produzidas de acordo com o público-alvo e o tema a ser desenvolvido. Entretanto, a linguagem deve ser simples, com poucos textos e precisa integrar as imagens ilustrativas na história.

As imagens devem ser coerentes com a história, ou seja, é preciso haver harmonia e relação entre texto, cenário, personagens.

Qualquer situação pode virar uma história em quadrinhos.

Para elaborar uma HQ você precisa criar um roteiro, que deve:

I)   identificar um tema;

II) identificar um objetivo pedagógico a ser alcançado com a HQ;

III) criar personagens e cenários;

IV) desenvolver um diálogo, contando uma história.

*PARA SABER MAIS: **Clique aqui** leia um artigo que instrui, de maneira bastante didática, como elaborar HQs.*

Se você não sabe desenhar, não há problema. Existem diversos recursos na internet que permitem que você crie suas histórias em quadrinhos on-line, de maneira muito fácil e sem se comprometer com aspectos legais de direitos autorais, pois a maioria desses sites oferece conteúdos livres, desde que não sejam para produção e composição de livros/revistas de histórias em HQ's.

Por exemplo, o *site* <www.pixton.com.br>, totalmente em português, permite que você crie histórias em quadrinhos on-line. Há *templates* (modelos) com personagens e cenários já prontos que você pode escolher para criar as cenas da sua história. Basta você escolher as imagens e adicionar as falas dos personagens em forma de balão, que também já está pronto. Há ainda a possibilidade de você criar seus personagens e cenários, de forma bastante simplificada.

Para ilustrar esses aspectos abordados, veja, na página a seguir, uma história em quadrinhos criada especialmente para esta disciplina.

Nessa história, abordamos como temática a criação de animação para educação a distância. O objetivo de nossa história é orientar, de forma simples, como produzir HQ's, apresentando as etapas a serem seguidas como identificação de um site que permita sua criação on-line, a criação de personagens, diálogos e cenários.

Observe que, em razão da temática adotada e do público-alvo desta disciplina, os personagens e cenários são mais sóbrios e a linguagem, embora bastante simples e econômica, é mais formal. Os cenários escolhidos para ilustrar a história também são coerentes com o enredo apresentado.

Unidade 4 – Tratamento de imagem para material didático em EaD

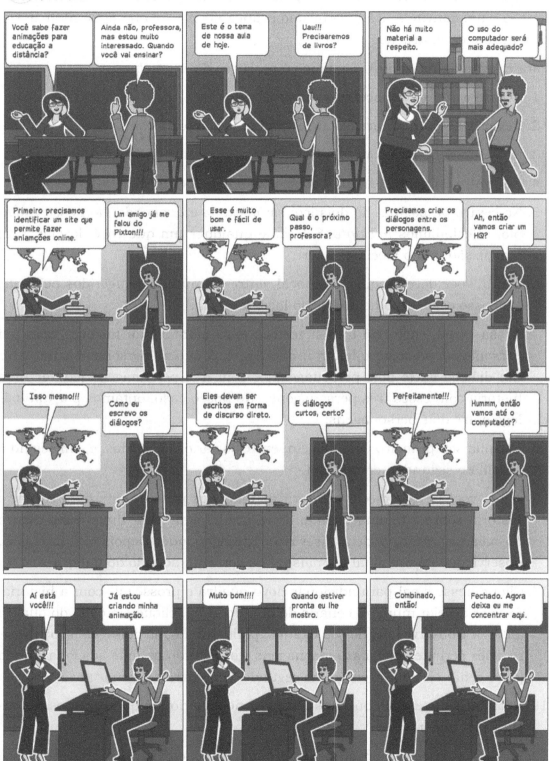

HQ em educação a distância (SOUZA, 2015)

É importante que a história tenha começo (introdução do assunto), meio (desenvolvimento da história) e fim. No caso da nossa história em quadrinhos, a finalização é um convite à ação, à questão prática do que foi abordado na história, com intuito de instrução.

Para criação da nossa HQ, seguimos o percurso descrito abaixo:

1. Acesse o site <www.pixton.com.br>.

2. Registre-se para ter acesso às ferramentas oferecidas.

3. No canto superior esquerdo, há um ícone na forma de lápis. Clique nele.

4. No centro da página, há um ícone *criar novo*. Clique nele.

5. No centro da página, há dois ícones: *iniciante* e *avançado*. No nosso exemplo, selecionamos *iniciante*. Selecione qualquer um que você desejar, pois ambos são muito fáceis de usar.

6. Agora, você deve escolher um local, entre os inúmeros sugeridos pelo *site*. No nosso caso, escolhemos como local a *escola*.

7. Nessa etapa, você tem três sugestões para montar sua história: com um personagem (abordar o leitor diretamente), com dois personagens (mostrar um diálogo entre dois personagens) e com três personagens (contar uma história com esses três personagens). No nosso caso, optamos por um diálogo entre dois personagens.

8. Escolha seu primeiro personagem, entre os vários sugeridos, e, em seguida, escolha o segundo personagem.

9. Agora você deve começar a inserir as falas dos personagens para contar a história sobre o tema escolhido. Para isso, basta clicar duas vezes dentro do balão e, então, poderá inserir o texto adequado. Depois que fizer isso, observe que há um sinal de mais (+) na cor azul, ao lado do quadro.

10. Clique nesse sinal para adicionar novo quadro e prosseguir com a história. Se você desejar mudar o cenário do quadro atual, clique em cima do quadro anterior e observe que, no seu canto superior direito, há dois ícones: o primeiro deles permite adicionar personagens e o segundo permite adicionar fundo (novo cenário). Clique, então, no segundo ícone para adicionar novo cenário.

11. Repita essa operação quantas vezes for necessário até que você possa concluir sua história.

12. Por fim, você tem a opção de imprimir ou publicar sua história. No nosso caso, decidimos publicá-la. Então, quando você clicar no ícone ***publicar***, abrirá outra tela para você atribuir um título a sua história e outras informações. Pronto, agora é só publicar sua HQ.

Como mencionamos no início desta seção, vídeo animado também é uma excelente ferramenta para ensino a distância.

Animação em vídeo refere-se à arte de criação de imagens em movimento de forma sintetizada, ou seja, a partir do uso de um computador e de recursos de computação gráfica; refere-se à criação de cenários, personagens e sons de maneira computadorizada e dando vida a objetos estáticos.

> *PARA SABER MAIS: Recomendamos uma pesquisa nos sites abaixo para que você posse se familiarizar mais com a tecnologia de produção de animação em vídeo, utilizando-se de ferramentas on-line. <http://goanimate.com/>. <http://www.powtoon.com/>.*

Para a produção e edição de um vídeo animado, há várias alternativas. Na internet, encontramos muitos sites que oferecem ferramentas gratuitas para a produção e edição de animação em vídeo.

Para a produção de animação em vídeo, há a necessidade de elaboração de um roteiro, que deve:

1. identificar um tema;

2. identificar um objetivo pedagógico a ser alcançado com a animação em vídeo;

3. criar cenários;

4. criar personagens;

5. criar diálogos e textos para que os personagens transmitam o objetivo pedagógico da animação;

6. chamar para a ação.

Para ilustrar, criamos uma animação especialmente para esta disciplina. O objetivo pedagógico da nossa animação é ensinar o aluno a elaborar uma animação em vídeo, ou seja, utilizamos de uma metalinguagem para ensinar como elaborar uma animação.

Veja o vídeo abaixo apresentado:

> *PARA SABER MAIS: **Clique aqui** e assista a um vídeo tutorial sobre produção de vídeo animado, baseado no mesmo programa que usamos para desenvolver a animação apresentada.*

*P*ARA SABER MAIS! *Se preferir, você também pode visualizar o vídeo publicado no seguinte endereço: <https://www.powtoon.com/show/eovgJs4b3Xq/animacao-em-ed/#/>.*

11. Utilização de imagens estáticas em EaD

Para a utilização de **imagens estáticas**, fotografias, em material didático para EaD, independentemente da mídia adotada para sua veiculação, não aconselhamos o uso de imagens retiradas de bancos de dados da internet, sem observar se tais arquivos estão ou não protegidos por direitos autorais.

É muito comum, por exemplo, as pessoas recorrerem ao *Google* Imagens para copiar e usar as imagens ali disponibilizadas. Essas imagens, na verdade, são publicadas em inúmeros sites e o *Google* apenas as condensa em um único lugar para facilitar a pesquisa. Por essa razão, a grande maioria desse material está protegido por questões de direitos autorais e você não pode correr o risco de usá-lo para fins comerciais em material educacional.

Como alternativa, recomendamos que você produza suas fotos de maneira autoral, capturadas do mundo real ou de forma mecânica, produzidas diretamente pelo computador.

Caso faça a opção de tirar fotos para seu projeto, recomendamos que utilize um bom **editor de imagens** para melhorar a qualidade das suas fotos, principalmente em relação à iluminação, cores e foco, entre outras possibilidades. Há muitos editores gratuitos que podem ser baixados diretamente da internet.

Há outras opções também. A própria internet fornece material altamente profissional e em uma variedade e quantidade incríveis de temas.

Você pode consultar a GettyImages.com. É um banco de dados de imagens de altíssima qualidade. Há material protegido por direitos autorais e, portanto, há necessidade de pagamento pelo seu uso, mas também há material livre de qualquer ônus e que possibilita uso irrestrito de imagens, sem qualquer pagamento.

Recomendamos também uma consulta ao Shutterstock.com. Também é um banco de imagens profissionais de altíssima qualidade, similar ao *GettyImages*. Neste curso, Multimídia em EaD, utilizamos imagens retiradas da *Shutterstock*, com o pagamento de *royalties* pelo uso de imagem.

Há inúmeros outros **bancos de imagens** na internet, tanto gratuitos quanto pagos.

É importante que você encontre o mais adequado para sua necessidade e que forneça imagens que possibilitem destacar o seu projeto.

12. Elaboração e consolidação dos itens necessários para a composição de pré-roteiros e roteiros de materiais didáticos para EaD

Ao longo de todas as unidades apresentadas neste curso, abordamos várias mídias e, por questões didáticas, nessa abordagem, tratamos de todos os aspectos teóricos e práticos relacionados à produção de material didático para determinada mídia.

Nessa abordagem por mídia que realizamos, tratamos dos itens necessários para a produção de material didático, considerando, inclusive, questões relacionadas à necessidade de pré-roteiros e roteiros, apresentando modelos específicos para cada mídia, assim como orientações de como construir esses modelos, quais conteúdos devem ser abordados, como estruturar esses conteúdos, entre outros itens considerados.

Além desses aspectos, para cada mídia abordada, trouxemos um modelo de material didático e também instruções técnicas, em termos de softwares e equipamentos necessários para a produção desse material didático.

Na Unidade 1, apresentamos questões relacionadas ao planejamento do uso de multimídia na EaD, enfatizando questões relacionadas a sistemas de comunicação e ambientes virtuais de ensino-aprendizagem a distância. Além disso, em relação à produção de material didático, apresentamos sugestões de como conceber esse material, com foco em necessidades, em termos de profissionais para planejar e desenvolver esse trabalho.

Na Unidade 2, abordamos as necessidades para elaboração de material didático para EaD, considerando aulas on-line. Nessa abordagem, tratamos de guia de estudo, videoaula, teleconferência, videoconferência e webconferência. Nessa unidade, tratamos de todos os itens necessários para produção de material didático para essas modalidades, considerando, inclusive, roteiros específicos para cada uma delas.

Já na Unidade 3, abordamos, de modo específico, a necessidade de produção de material didático composto exclusivamente por áudio, considerando produção, edição e reprodução desse tipo de mídia. Novamente, consideramos a questão do roteiro e outros itens necessários para a consolidação de material didático elaborado para esse tipo de mídia.

Por fim, nesta unidade, dedicamo-nos a considerar a produção, a edição e a reprodução de imagem em material didático para EaD na abordagem multimídia. Para isso, focamos em videoaula, vídeo tutorial, animação estática e em movimento e também em imagem estática – fotografia. Em cada uma dessas abordagens, consideramos todos os itens necessários para sua produção, incluindo os roteiros, com modelos e estruturas didáticas que possam ser aplicados a qualquer projeto. Também trouxemos material didático específico, que foi construído para exemplificar a abordagem em questão, assim como os aspectos tecnológicos necessários para colocá-los em prática.

Esse foi o percurso que percorremos para proporcionar a você, aluno, conhecimentos necessários para a produção de material didático para EaD na abordagem multimídia.

As questões tratadas neste curso não têm a pretensão de encerrar a discussão, mas de abrir horizontes, possibilidades e perspectivas de pesquisa e de contínuo aprimoramento profissional, até porque, quando se trata de tecnologia, sabemos que as inovações são constantes, mas, de todo modo, o curso pretendeu estabelecer uma base de atuação profissional na perspectiva da produção de material didático para EaD.

Glossário – Unidade 4

Animação em vídeo: arte de criação de imagens em movimento de forma sintetizada, ou seja, a partir do uso de um computador e de recursos de computação gráfica.

AVEA: ambiente virtual de ensino e aprendizagem.

Captura de tela: vide VIDEO TUTORIAL.

História em quadrinho (HQ): sequência de informações disponibilizadas em quadros, que conjuga linguagem composta de texto e imagem e é utilizada para narrar uma história por meio de personagens.

Imagens estáticas: fotografias, imagens que podem ser capturadas do mundo real ou criadas mecanicamente por meio de um computador ou outro equipamento tecnológico que o permita.

Materialização do vídeo: pode ser em forma de um videoclipe, um documentário, um filme (de animação ou não), um registro pessoal ou mesmo assumir o formato de uma aula.

Teleprompter: equipamento acoplado a uma câmera de vídeo que exibe o texto a ser lido pelo apresentador.

Vídeo: constitui-se por sua integração e diálogo entre linguagens diferentes, de maneira que interagem imagens em movimento (podendo também ser composto por imagens estáticas), linguagem falada e escrita, que envolve personagens, cenários, cores, luzes; o vídeo articula linguagens de cinema, teatro, literatura, rádio, computação gráfica, entre outras.

Vídeo tutorial: modalidade de vídeo em que é possível demonstrar ações realizadas na tela de um computador associadas à narração dessas ações.

Referências

ABED (2014). *Censo EaD.br: relatório analítico da aprendizagem a distância no Brasil*. 2013. Curitiba: Ibpex.

BAIXAKI.COM.BR (2015). Camtasia studio: criação e edição de vídeos para tutoriais em um programa recheado de funções. Disponível em: <http://www.baixaki.com.br/download/camtasia-studio.htm>. Acesso em: 15 jun. 2015.

_____. (2015). Audacity – editor e gravador de áudio totalmente gratuito, com recursos profissionais e vários efeitos. Disponível em: <http://www.baixaki.com.br/download/audacity.htm>. Acesso em: 2 jun. 2015.

_____. (2015). Balabolka – poupe sua visão e deixe o computador ler os textos que você escreve em português. Disponível em: <https://www.google.com.br/url?sa=t&rct=j&q=&esrc=s&source=web&cd=1&ved=0CB4QFjAA&url=http%3A%2F%2Fwww.baixaki.com.br%2Fdownload%2Fbalabolka.htm&ei=UOFpVavSO_C1sATwsoGIAQ&usg=AFQjCNFLpO547YFf2VMd_j47lBDkL_kvvQ>. Acesso em: 4 jun. 2015.

BAND. (2011). A farsa do desarmamento – participação MVB. Disponível em: <https://www.youtube.com/watch?v=8_KWAqlqSmo>. Acesso em: 25 mai. 2015.

BERNARDI, R. (2013). Qual a estrutura do vídeo perfeito? Disponível em: <http://consultoria.rbtech.info/estrutura-video-perfeito/>. Acesso em: 25 mai. 2015.

BRASIL. (2002). Código Civil, Lei 10.406, de 10 de janeiro de 2002. São Paulo: Revista dos Tribunais.

_____. SENADO FEDERAL. (1988). Constituição da República Federativa do Brasil. Brasília, DF: Centro Gráfico.

_____. CASA CIVIL. (2013). Lei n. 12.853, de 14 de agosto de 2013, altera os arts. 5º, 68, 97, 98, 99 e 100, acrescenta arts. 98-A, 98-B, 98-C, 99-A, 99-B, 100-A, 100-B e 109-A e revoga o art. 94 da Lei n. 9.610, de 19 de fevereiro de 1998, para dispor sobre a gestão coletiva de direitos autorais, e dá outras providências. Brasília.

_____. CASA CIVIL. (2003). Lei n. 10.753, de 30 de outubro de 2003, institui a política nacional do livro. Brasília.

_____. CASA CIVIL. (1998). Lei n. 9.609, de 19 de fevereiro de 1998, dispõe sobre a proteção da propriedade intelectual de programa de computador, sua comercialização no País, e dá outras providências. Brasília.

_____. CASA CIVIL. (1998). Lei n. 9.610, de 19 de fevereiro de 1998, altera, atualiza e consolida legislação sobre direitos autorais e dá outras providências. Brasília.

CENGAGE BRASIL. (2014). Cengage Learning apresenta: trilha. Disponível em: <https://www.youtube.com/watch?v=R1aA1ODhe4w>. Acesso em: 10 mai. 2015.

CASTELO BRANCO, A. C. (2016). *Matemática financeira aplicada*. São Paulo: Cengage Learning.

_____. (2015). Cengage Learning – engaged with you. Disponível em: <https://www.youtube.com/watch?v=EC_pNT20QCA>. Acesso em: 10 mai. 2015.

CENTRO DE INFORMÁTICA – EAD. (2010). Lição 1: criando perguntas de múltipla escolha no Moodle. Disponível em: <https://www.youtube.com/watch?v=tPIsqLZBgas>. Acesso em: 10 mai. 2015.

CENTRO ESTADUAL DE EDUCAÇÃO TECNOLÓGICA PAULA SOUZA. GOVERNO DO ESTADO DE SÃO PAULO. (ca.2000). Eixo tecnológico: gestão e negócios. Disponível em: <http://www.eteourinhos.com.br/arquivos/pc_contabilidade_14.pdf>. Acesso em: 10 mai. 2015.

CREATIVECOMMONS.ORG.BR (ca2010). O que é o CC? Disponível em: <http://www.creativecommons.org.br/o-que-e-o-cc/>. Acesso em: 12 jun. 2015.

DIREITOAUTORAL.COM.BR (ca.2000). O objeto do direito autoral e seu registro. Disponível em: <http://www2.uol.com.br/direitoautoral/index_registre.htm>. Acesso em: 31 mai. 2015.

DOMÍNIO PÚBLICO (2015). Pesquisa básica. Disponível em: <www.dominiopublico.gov.br>. Acesso em: 09 mai. 2015.

DOTTA, S. (Coord). (ca.2012). Curso: o uso da webconferência em EaD. Disponível em: <http://proex.ufabc.edu.br/uab/webconf2/texto_completo.pdf>. Acesso em: 25 mai. 2015.

DOTTA, S.; BRAGA, J.; PIMENTEL, E. (2012). Condução de aulas síncronas em sistemas de webconferência multimodal e multimídia. Anais do 23º Simpósio Brasileiro de Informática na Educação. Rio de Janeiro. Disponível em <http://www.lbd.dcc.ufmg.br/colecoes/sbie/2012/0015.pdf>. Acesso em: 25 mai. 2015.

EAD-UNB (2013). Materiais didáticos e direitos autorais... em tempos de educação a distância. Disponível em: <https://www.youtube.com/watch?v=GrGkP-4Crjww>. Acesso em: 30 mai. 2015.

GETTYIMAGES.COM (2015). Getty images. Disponível em: <http://www.gettyimages.com/> Acesso em: 15 jun. 2015.

GUTIERREZ, F.; PRIETTO, D. (1994). A mediação pedagógica. Campinas: Papirus.
MATTAR, J. (2013). A educação a distância e as tendências do segmento. Disponível em: <https://www.youtube.com/watch?v=JP-cejlzLFg>. Acesso em: 24 mai. 2015.

HEINE, E. (ca2010). Como fazer história em quadrinhos. Disponível em: <http://www.divertudo.com.br/quadrinhos/quadrinhos-txt.html>. Acesso em: 16 jun. 2015.

LAROSSA, L. (2013). Os 10 melhores editores de imagens grátis! Disponível em: <http://www.escolafreelancer.com/melhores-editores-de-imagens-gratis/>. Acesso em: 15 jun. 2015.

LS (ca2000). Drum N Bass Loops 160. Disponível em <http://free-loops.com/2823-break-160-dnb.html>. Acesso em: 13 jun. 2015.

MARTINS JR, G. (2010). O que é multimídia? Disponível em: <https://www.youtube.com/watch?v=mDSIvxUMdyI>. Acesso em: 9 mai. 2015.

MAXIMILIEN (2012). News intro. Disponível em: <http://soundbible.com/2041-News-Intro.html>. Acesso em: 12 jun. 2015.

MOORE, M.; KEARSLEY, G. (2007). Educação a istância: uma visão integrada. São Paulo: Thomson Learning.

MOORE, M.G.; KEARSLEY, G. (2007). Educação a distância: uma visão integrada. São Paulo: Thomson Learning.

MOORE, M.G.; KEARSLEY, G. (2007). Educação a distância: uma visão integrada. São Paulo: Thomson Learning.

MOORE, M; KEARSLEY, G. (2007). Educação a distância: uma visão integrada. São Paulo: Thomson Learning.

MORAN, J.M. (1995). O Vídeo na Sala de Aula. Comunicação e Educação, 1995. Disponível em: <http://www.eca.usp.br/prof/moran/vidsal.htm-comover>. Acesso em: 10 jun. 2015.

ONU (1948). Declaração universal dos direitos humanos. Disponível em: <http://unesdoc.unesco.org/images/0013/001394/139423por.pdf>. Acesso em: 31 mai. 2015.

PIXTON.COM (2015). A melhor maneira de criar quadrinhos. Disponível em: <http://www.pixton.com/br/>. Acesso em: 15 jun. 2015.

RIBEIRO, N.M. (2007) Multimédia e tecnologias interactivas: princípios, aplicações e projetos. 2ª. ed. Lisboa: FCA – Editora de Informática.

ROSINI, A.M. (2007). As novas tecnologias da informação e a educação a distância. São Paulo: Thomson Learning.

ROSINI, A.M. (2007). As novas tecnologias da informação e a educação a distância. São Paulo: Thomson Learning.

SANTOS, A.G. (2013). Desenho animado, muito engraçado, muito bom. Disponível em: <https://www.youtube.com/watch?v=QOCcxo2Dv0o>. Acesso em: 9 mai. 2015.

SHUTTERSTOCK.COM (2015). Shutterstock. Disponível em: <http://www.shutterstock.com/>. Acesso em: 15 jun. 2015.

SITE HD (2013). 10 melhores bancos de imagens grátis e pagos da internet para você destacar seu projeto. Disponível em: <http://www.sitehd.com.br/blog/10-melhores-banco-de-imagens-gratis-da-internet-para-voce-destacar-seu--projeto/>. Acesso em: 15 jun. 2015.

SOARES, D. (2014). Como fazer vídeos animados com bonecos: fácil e gratuito. Disponível em: <http://www.trabalhadordigital.com/2014/02/como-produzir--videos-animados.html>. Acesso em: 15 jun. 2015.

SOUNDBILE.COM (2015). Free sound clips, sound bites, and sound effects. Disponível em: <http://soundbible.com/>. Acesso em: 15 jun. 2015.

SOUZA, R.A. (2015). Aplicativos para a produção de videoaula.

TABOSA, J. (2011). Inserindo hiperlink no Microsoft world. Disponível em: <https://www.youtube.com/watch?v=L80iMF9Zyqc>. Acesso em: 9 mai. 2015.

SOUZA, R.A. (2015). Instrução em áudio para EaD. Não publicado.

_____. (2015). Apresentação. Não publicado

_____. (2015). Texto transformado em áudio pelo computador. Não publicado

_____. (2015). Vídeo tutorial. Disponível em: <https://www.youtube.com/watch?v=Gu1y3j1lMCY>. Acesso em: 15 jun. 2015.

_____. (2015). HQ em educação a distância. Disponível em: <http://Pixton.com/hq:z3yck1mi>. Acesso em: 16 jun. 2015.

_____. (2015). Animação em EaD. Disponível em: <https://www.youtube.com/watch?v=qAj36eqCjBU>. Acesso em: 15 jun. 2015.

TECHSMITH CORPORATION (2015). Coast to coast – intro. In TECHSMITH CORPORATION (2015). Camtasia studio. Versão 8.5.2.

_____. (2015). Screen recording & video editing. Disponível em: <https://www.techsmith.com/camtasia.html>. Acesso em: 15 jun. 2015.

USP. E-AULAS. (2015). Apresentação: psicologia e educação. Disponível em: <http://eaulas.usp.br/portal/video.action?idItem=3884>. Acesso em: 15 mai. 2015.

_____. (2015). Contemporaneidade e educação: novos arranjos. Disponível em: <http://eaulas.usp.br/portal/video.action?idItem=3901>. Acesso em: 24 mai. 2015.

TV JUSTIÇA. (2011). Saber direito: curso direito autoral – aula 1 vídeo 1. Disponível em: <https://www.youtube.com/watch?v=bVOAvvVFaMQ&index=1&list=PL8B8BB860F7E9CAF2>. Acesso em: 31 mai. 2015.

_____. (2011). Saber direito: curso direito autoral – aula 1 vídeo 2. Disponível em: <https://www.youtube.com/watch?v=PZlPUfuvRGY&list=PL8B8BB-860F7E9CAF2&index=2>. Acesso em: 31mai. 2015.

_____. (2011). Saber direito: curso direito autoral – aula 1 vídeo 3. Disponível em: <https://www.youtube.com/watch?v=-YsxKZRnUPQ&list=PL8B8BB-860F7E9CAF2&index=3>. Acesso em: 31 mai. 2015.

_____. (2011). Saber direito: curso direito autoral – aula 1 vídeo 4. Disponível em: <https://www.youtube.com/watch?v=7jdiZ3hJpy4&index=4&list=PL-8B8BB860F7E9CAF2>. Acesso em: 31 mai. 15.

_____. (2011). Saber direito: curso direito autoral – aula 1 vídeo 5. Disponível em: <https://www.youtube.com/watch?v=KZiDDiro2C0&index=5&list=PL-8B8BB860F7E9CAF2>. Acesso em: 31 mai. 2015.

_____. (2011). Saber direito: curso direito autoral – aula 1 vídeo 6. Disponível em: <https://www.youtube.com/watch?v=qwt2Kw-y1Mc&list=PL8B8BB-860F7E9CAF2&index=6>. Acesso em: 31mai. 2015.

Renato Antonio de Souza

Licenciado em Letras (línguas portuguesa e inglesa) pelas Faculdades Integradas Tibiriçá (SP). É mestre em Linguística Aplicada e Estudos da Linguagem pela Pontifícia Universidade Católica (PUC-SP). Tem experiência na docência em todos os níveis de educação, inclusive com formação continuada de professores, desenvolvendo projetos na Secretaria de Educação do Município de São Paulo e do município de Cajamar. É professor e orientador educacional no Centro Paula Souza e também na Faculdade de São Paulo (Uniesp).

Impresso por

META

www.metabrasil.com.br